突撃《とつげき》!
新宿109
詐欺・悪徳マルチ
撲滅活動日記
詐欺撲滅 YouTuber
「新宿109」
KENZO
Assault Attack!
Text by “Shinjuku 109” KENZO
彩図社

プロローグ──セミナーをぶっ潰せ！

「コレ、詐欺の会社だからね！
みんなマジでやるなよ！
『新宿１０９』って YouTube 調べて、『新宿１０９』！」

２０２２年９月、大阪・梅田にあるホテルの会議室で俺は叫んでいた。
突然の登場に、キツネにつままれたような表情をする詐欺師たち。
生ぬるい会場の雰囲気を打ち壊すべく、俺は畳みかける。

「坂本さん、俺質問しただけやろ？
金融庁の登録はされていますか、暗号資産事業として。

イエスかノーか、答えるだけやん！」

さっきまで登壇し、セミナー参加者に向けて流暢に話していた坂本昂洋《こうよう》は、俺の質問に答えることなく黙ったままだ。

日本国内で金融庁・財務局への登録なく暗号資産交換業を行うことは違法だ。

『マーケットピーク』はその登録を行わず、若者を中心とした2500人以上ものひとを自らが取り扱う仮想通貨への投資に勧誘し、約8億円の資金を集めていた。そのほとんどは、出資者には決して返ってくることのない一方通行のお金だ。

「これネットワークビジネスだけどさ、

契約書・概要書面の交付、していますか？

していなかったら特商法違反！」

『マーケットピーク』のような連鎖販売取引、いわゆるマルチ商法を行う場合は、勧誘時に概要書面、契約締結後に契約書面の交付が法的に義務付けられている。消費者にとって複雑かつ危険な取引になり得る連鎖販売取引は、２回にわたり契約の内容について情報を得られる環境を作らなければ、行政処分や刑事処罰の対象となるのだ。

セミナーに集まった人々に都合のよい情報しか与えず、「お金持ちになれる」という漠然としたイメージを植え付ける手法で資金を集めてきた彼らにとって、自らの事業を文書化して交付するという行為は非常に都合が悪い。法に違反していることを承知の上で、彼らは勧誘を行っているのだ。

「みんな、Googleや Twitter（現：X）でちゃんと調べろ！　詐欺師は詐欺師って言わないからな、自分のことを！　あたかもいい人を装うんだよ！」

俺は最後までセミナー会場に集まった人々に注意喚起をし続けた。セミナー終了後も、近くに溜まっていた参加者に対して呼びかける。

「おまえら笑ってるけどさあ、大阪の大学生のコが１５０万円の借金を負って亡くなってるんだよ！

人を殺す覚悟あるのかって！

殺す可能性があるんだよ！」


『マーケットピーク』の前身である『ジュビリーエース』。

この組織の詐欺に遭った川上穂野香さん（当時22歳）は、2020年10月1日、大阪市内のホテルで自らの命を絶っている。川上さんはSNS上で見た同級生の投稿をきっかけに勧誘を受け、組織の男に指示され、消費者金融から計150万円を借り入れ、支払っていた。自殺したのは、詐欺に遭ったことに気がついて、弁護士や消費生活センターに問い合わせをし始めた矢先のことだったという。

いうまでもなく、大学生にとって150万円というお金は大金だ。

そのお金を人に言われるまま消費者金融から借り、失ってしまったことに気が付いた穂野香さんの心は、プレッシャーで押しつぶされてしまったのだろう。

マルチ商法は、紹介者を集めることで本人にマージンが入る仕組みだ。

だが、悪徳マルチの場合は、本人が出資したお金を失うだけでなく、勧誘した友人や知人を巻き込み、死に至らせるおそれもある。

詐欺師に資金を吸い上げられる負のループの歯車に、自ら進んでなりたい人など本来はいないはず。被害者の多くは、悪徳マルチの実態を知らずに組織に加入し、食い物にされてしまうのだ——。

坂本昂洋をはじめとする『マーケットピーク』の関係者が逮捕された2023年5月。そのタイミングに合わせて公開したセミナーへの潜入動画、および関係者のその後を追った計3本の動画は、合わせて950万回再生を記録した（2024年2月現在）。

逮捕時の報道に合わせてテレビ各局の取材を受け、チャンネル登録者数も増加した。

このマーケットピークの一連の逮捕劇は、YouTuberとしての俺のターニングポイントとなった。

今でこそ詐欺撲滅を掲げ、日々YouTubeに動画を投稿しているが、チャンネルを開設し、ここに至るまでの約4年間は生半可な道のりではなかった。

当初は突撃するというアイデアもなかったし、詐欺師と対峙する中で命の危険を感じる経験もした。詐欺集団の営業活動の場に突撃し、彼らの活動を真っ向から否定しているのだから、当然、穏便に済むはずもない。

１００％アウェーの場所に乗り込み、その模様をコンテンツとして配信する。このタフなサイクルを継続できているのは、視聴者の好意的な反応があるからだ。

『新宿１０９』の動画コンテンツへの反応は、98・９％が肯定的なもの。

視聴回数やチャンネル登録者数という数の部分も、もちろん増えれば励みになるが、内容に好評価が多いというのも大きな励みになっている。広告収入を得るだけでなく、社会的に意義のある活動をしているという点が、俺の背中を押してくれているのだ。

この本ではどのようにして『新宿１０９』が生まれたのか、いま日本に蔓延《はびこ》っている詐欺集団とはどのようなものなのかを詳《つまび》らかにしていこうと思う。

俺自身のこと、相対する詐欺集団のこと、そして活動を続ける中で出会った仲間のこと……。この本をきっかけに、詐欺や悪徳マルチ商法に関する知識が広まり、詐欺の被害者がひとりでも少なくなってくれれば幸いだ。

『突撃！～新宿１０９詐欺・悪徳マルチ撲滅活動日記』目次

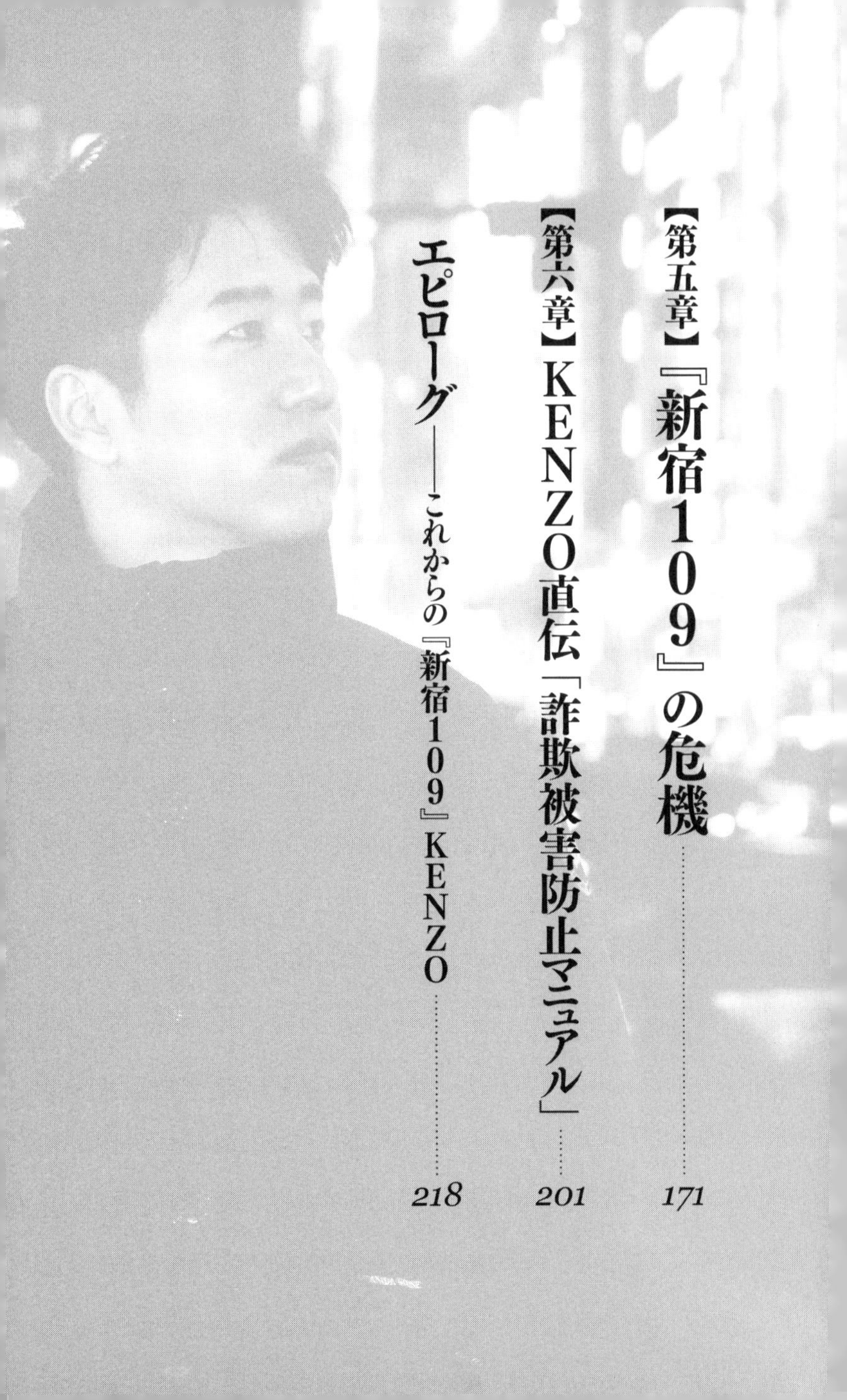

構成：篠原章公
写真：高澤梨緒

【第一章】マルチ商法との出会い

施設暮らし

YouTuberとしての活動する中で、さまざまな人と出会ってきた。そんな時、

「思っていたよりも真面目だね」

「追いかけているテーマは物騒だけど、ちゃんとしているよね」

なんて声をかけてもらうことがよくある。

これは俺の、児童養護施設出身という過去が影響しているのかもしれない。

俺は10歳から児童養護施設で育った。

児童養護施設には1～18歳まで（場合によっては20歳まで）、さまざまな年齢の子どもがいる。施設にくるようになった理由も人それぞれだ。両親がいない、保護者の心身の不調や離婚・再婚による家庭環境の悪化、虐待など、何らかの理由により親元で暮らすことができない子どもたちが集まって暮らしている。

俺が生まれ育ったのは、シングルマザーの家庭だった。

家族構成は、母親とひとつ上の姉、そして俺。生活保護をもらいながら暮らしている貧困家庭だった。

母は慢性的な貧血とうつ病を患っており、満足に働くことができず、家計はいつも苦しかった。小さい頃に印象に残っている食事は、べっこう飴、食パンの耳で作ったラスク……。どうして僕のお母さんはちゃんとしたごはんを作ってくれないんだろう、と不思議だった。夕方、表を歩いていると家々から料理の匂いが漂ってくる。その匂いがうらやましくて仕方がなかったのを覚えている。

当然、お小遣いなんてものもない。当時の俺たちの遊び場は、近所のイオン。友人たちはゲーセンでゲームをしたり、フードコートでハンバーガーを買ったりしていたが、俺はお金がないのでそれをただ見ているだけだった。

そういう家庭環境が影響したのか、俺はいつもイライラしていた。小学3年の頃には、学校の先生に向かって暴言を吐いたり、掴みかかったりするような立派な問題児になっていて、約1年間不登校になってしまった。食事を満足に摂れていなかったせいか、授業にまったく集中できず、席に座っていられないような状態だったのだ。

周囲がそんな状態を見かねたのか、俺は小学4年から三重県津市にある児童養護施設に預けられることになった。姉も一緒だった。

まず児童相談所に連れていかれ、そこで2週間過ごした。そして、これから児童養護施設に向かうというタイミングで母がきた。

「一緒に暮らせなくなった」

そんな話を涙ながらにされたが、俺は何が起きているのかもわからず、どこか他人事の気分で聞いていた。姉は寂しそうだったが、俺はとくに哀しいとは思わなかった。

初日こそ肘の高さまでスッポリ入る落とし穴に落とされる、という手荒な歓迎を受けたが、施設の暮らしは思ったよりも悪くなかった。何よりも一日三食、ちゃんと食べられるのはありがたかった。

施設では朝6時半に起床し、夜9時には消灯する（小学生時）。規則正しい生活を送るうちに、自然と俺も学校に行く習慣が身に付いた。そうした日々を送るうちに、幼いながら「変わらなきゃいけないんだ」と思ったのを覚えている。職員の方が親身になって教えてくれたこともあって、一年のブランクがあった勉強もなんとかついていけるようになった。施設の職員の方たちは子どもたちに愛情深く接してくれた。いまの俺が「真面目な人柄」「イメージよりもちゃんとしている」と言ってもらえるのは、施設の職員の方たちの献身的な支えがあったからだと思う。

施設の思い出で一番嬉しかったのが、ソフトボールをさせてくれたことだ。施設では小学生のうちは習い事はさせないという方針だったが、熱心に頼み込んだ結果、小学6年生のときに用具を揃えてソフトボールを始めさせてくれたのだ。そうして進学した中学では野球部に入部。高校まで引き続き野球を続けた。

中学までは、同じ施設から通う同級生が2人いた。彼らがいたから、施設で暮らしていることに対してコンプレックスを抱くことはあまりなかった。だが、中学卒業後、2人は就職して施設を出て行ってしまった。

高校からひとりになった俺は、急に施設にコンプレックスを覚え、施設のことを隠すようになった。高校生活は楽しかったが、クラスメイトとふざけているときも、どこかで俺はみんなとは違うという思いを抱えていた。たとえば授業で親に感謝の手紙を書くという課題が出されたとき、クラスメイトたちは自分の親をイメージして書いているが、俺は母ではなく、施設の職員に宛てて書いていた。授業参観のようなイベントがあると、俺が寂しがらないように施設の職員がきてくれたが、

「お前の母ちゃん、ぜんぜん顔が似てねえな。それに、めっちゃ若くねえ？」

などといじられて、冷や汗をかいたりすることもあった。

そんな俺の支えになっていたのが、野球だった。

俺の高校の野球部は、それなりに名前が知られた強豪だった。走り込みを基本とする厳しい練習メニューが連日組まれており、学問も怠ってはならないという方針。部活動を通じ、人としてのあり方について考え、礼儀を身につけさせるという、昔ながらの体育会系な雰囲気を残していた。

たとえば、学校生活で部員が何かトラブルを起こすと、連帯責任で部員全員に罰走が課されたりする。あまりの厳しさに、泣きながら走っていた部員もいたぐらいだ。

文武両道が掲げられていたことからそれなりに勉強もしたが、当時を振り返ると思い出すのは野球のことばかりだ。

レギュラーには最後までなれなかったが、野球を続けてきてよかったと素直に思える3年間だった。施設で暮らしている仲間の中には、グレてしまって悪い道に進んでしまう者

もいた。だが、俺は野球に打ち込んでいたから、他のことに目が向かなかった。野球をしたことで人格的に磨かれた部分もあったと思っている。
ちなみに、中学のときまで施設で一緒に過ごした同級生や、お世話になった施設の職員の方とは、今でもSNSでやり取りしている。昨年の冬には、子どもたちへのお土産のお菓子をいっぱい持って施設に里帰りもした。俺にとって施設は第二の故郷のような存在だ。

これは余談だが、詐欺組織のなかには俺が施設育ちであることをこれ見よがしにSNSで書き立てたところもあった。また、嫌がらせのつもりなのか、突撃した際、わざわざ紙に俺の育った施設の名前を大きくプリントして、カメラの前で広げて妨害してきたヤツもいた。言っておくが、俺は施設で育ったことに対して何の後ろめたさも感じていない。そんなことをしても、俺は何のダメージも受けない。いい年をした大人が揃いも揃っていったい何をやっているのか。心底がっかりさせられた出来事だった。

さて、高校を卒業したら、施設を出て自活をしなければならない。
そこで選んだ進路は、短大の夜間部への進学だった。正直、特に目的があったわけでない。「学費も安いし、勉強を続けたいなら四大に編入することもできる。働きたければ2年で就職してもいい」と勧められて選んだものだった。

そんな感じで進学したので、勉強にはあまり身が入らず、昼間はアルバイトをしたり、アットホームな野球サークルに参加したりと、のんびりした生活を送っていた。

ちなみにこの頃アルバイトをしていた津駅前の老舗焼肉店「食道園《しょくどうえん》」は、名産の松阪牛が良心的な価格で食べられる名店だ。まかないのご飯の美味しさは格別で、今でも帰省した際には顔を出している。読者のみなさんも機会があればぜひ訪れてほしい。


そんな感じで、だらだらと短大生活を送っていたのだが、卒業を2、3か月後に控えた頃にちょっとした事件が起きる。

当時、俺は「食道園」と並行して、宅配ピザ屋でもアルバイトをしていたのだが、そのピザ屋をクビになってしまったのだ。原因はSNSへの動画の投稿だった。店内の、お客さんでも入ることができる部分を撮影した動画をSNSにアップしたところ、本部に知れるところになり、出勤停止の処分を受けたのだ。何の迷惑行為もしていなかったが、当時はバイトテロが社会問題になっていたので、大げさにとらえられたのかもしれない。

仕方がなく別のアルバイトを探し始めたが、卒業までの数か月しか働けない学生を雇ってくれるところはなかなか見つからなかった。

「なにか手っ取り早く稼ぐ方法はないだろうか」

そう思いインターネットを見ていたら、「投資」や「FX」といったキーワードが目に留まった。そのサイトの記事を読んでみると、投資によって若くして大金を得ている人が続出しているらしい。

それから俺は、投資やFXの興味を持って本を読み漁るようになった。

そして、勉強している様子をInstagramに投稿したところ、友人のひとりが「稼いでいる人」を紹介してくれることになる。

これが俺とマルチ商法との、初めての出会いだった——。

マルチ商法との出会い

「稼いでいる人を紹介したい」

そんな友人の言葉を受けて会ったのは、〝タカハシキョウスケ〟という男だった。場所は、名古屋だった。

それまで三重県から出たことがなかった俺は、名古屋駅に降りただけで「ビル高いなあ……」と都会の雰囲気に圧倒されてしまった。

待ち合わせたのは、栄にあるカフェ・ド・クリエだった。

これは後になって知った〝マルチあるある〟だが、マルチの会員は勧誘のとき、「個別会計かつ前払い制」のカフェを好んで使う。そこだとターゲットにおごらずに済むからだろう。

タカハシは大学生風の若者で、年齢を聞くと俺と同い年だった。

つい最近まで愛知県のとある大学に通っていたというが、稼ぎ過ぎて辞めたという。

「俺はこのビジネスで突っ走る！」

タカハシは自分自身に言い聞かせるように、熱っぽく語った。

冷静になれば、「稼ぎすぎたから大学を辞める」必要などまったくないのだが、当時の俺は違った。

・稼ぎたいという欲求
・都会の雰囲気に呑まれている
・同い年の男性から自信あり気な説明

これらの要素から冷静さを失い、タカハシの陳腐なマウントトークを真に受けて、話を前のめりに聞いてしまったのだ。

タカハシはバッグから一冊の本を取り出すと、俺に読むように勧めた。

『金持ち父さん貧乏父さん』（ロバート・キヨサキ著）というベストセラー本だ。これも〝マルチあるある〟で、勧誘の場面では嫌というほどこの本が登場する。

世の中には、自分が知らない世界がある――。

タカハシの言うとおりに動けば、普通にアルバイトをする以上にお金が稼げて、いい思いができるかもしれない――。

熱のこもった勧誘トークを聞いているうちに、俺はそんな期待を抱き始めていた。そうして誘われたのが、資産運用会社を通してハワイの不動産を共同購入し、家賃収入で利益を得るというビジネスだった。

「こんなにおいしい話を逃すのは、バカだ！」

タカハシはそういって俺を煽ってきた。

「そういえば、この間読んだ本でも不動産投資を勧めていたな」

投資関連本を読みかじって、賢くなったつもりでいた俺は、タカハシのセールストークに引き込まれていった。

「ココまで話を聞いて断るのはダサい」

そう思ってしまった面もあった。

若者特有のプライドが邪魔して、情報を精査してから決めるという選択肢はいつのまにか消え失せていた。そして、俺は投資への参加を即決すると、その日のうちにアルバイトで貯めた60万円を銀行口座から下ろし、タカハシに手渡してしまったのだ。

タカハシに金を渡した帰りの電車の中で、俺は震えていた。今日会っただけの、見ず知らずの相手に大金を渡してしまったという不安が、急に襲ってきたのだ。

60万円は、当時の俺にとってとてつもない大金だった。それだけの額を貯めるために、いったいどれだけバイトをしてきたかわからない。そんな大切な金を、素性の知れない人間に、会ったその日に渡してしまったのだ。

勧誘したその日のうちに金を回収する、というのは悪徳マルチのよくあるパターンだ。ターゲットは一度帰ると、冷静になる。そうなると勧誘が成功する確率は格段に下がるので、ターゲットが混乱して冷静さを欠いているうちに話をまとめて、金を引き出すのが詐欺師の常套手段なのだ。


金を渡してからしばらくして、俺はタカハシに誘われて組織のセミナーに参加した。会場は、名古屋の栄にある雑居ビルの貸し会議室だった。

中には30人くらいはいただろうか。

大部分の参加者は、俺のように紹介者に連れてこられて参加しているようだった。

気になったのが、後方に座るスーツの男たちだ。

彼らは説明役の上司なのか、壇上に鋭い視線を向けており、ここぞというタイミングで拍手をしたり、歓声をあげたりする。俺にはそれが妙にわざとらしく思え、聴いているうちに薄気味悪くなってきた。

　セミナーの内容は、当時の俺から見ても大したことがないものだった。

「日本の銀行預金の利息はわずか0・001％」

「それに比べて、物価は2・6％上がっています」

「お金は寝かせておくと、どんどん価値が減っていきます」

「お金を増やしたいなら、このビジネスに参加するしかない」

　そうしたお決まりのフレーズが繰り返される。別に凄くもなんともないのに背後から聞こえる拍手や歓声……、盛り上がる会場をよそに俺はどんどん冷めていった。

　色々なマルチや詐欺集団に潜入してきた今なら、このビジネスの不審な点はすぐにいくつも思い当たる。

・ハワイという現場確認ができない場所におけるビジネス

- 収支等の事実確認が困難
- 取引の際に書面の交付がない

などは、これぞ悪徳マルチ商法といったポイントだ。

当時の俺にはまだそれらは見抜けてなかったが、会場の怪しい雰囲気だけは十分に察知することができた。虫の知らせではないが、「これ以上、深入りしては危ない」と本能が教えてくれたのかもしれない。


俺がこの時にセミナーに参加したマルチ集団は、名前を変えて２０２４年２月現在も活動している。

仮想通貨のＩＣＯ詐欺を軸にさまざまな商材の勧誘を行っていたが、俺はその中のひとつである不動産投資にまんまと引っかかってしまったのだ。

ちなみに組織のトップである湯田陽太は２０２１年に勧誘の際、概要書面の交付をしていなかったことから逮捕されている。しかし、本人の発言によるとわずか20日間の拘留と50万円の罰金で済んでしまったという。湯田は２０２１年に人気YouTubeチャンネル『街録ｃｈ』に出演している。興味がある方はそちらの動画も見てみてほしい。

逮捕されても起訴されない、起訴されたとしても、微罪に済んでしまう。

そんな湯田のようなケースは、実は珍しくない。

違法な勧誘で多額の金を集め、多くの被害を出しても、首謀者・実行犯は微罪で済んでしまう。もちろん、刑法の詐欺罪には懲役刑があるが、詐欺は立証することが難しい。

「ちゃんと商売のためにお金を集めていたんです。でも不測の事態が起きて、商売が上手くいかず、集めたお金がなくなってしまったんです」

そう主張されてしまうと、詐欺罪に問うことは難しくなる。そうして、特商法違反による罰金刑に収まってしまうのである。

マルチ商法や悪徳商法による詐欺はよく〝コスパが良い〟などと言われるが、その背景には日本の法規制の甘さがある。だからこそ、湯田のように悪事に手を染める人間が後を絶たないのだ。

セミナーに参加したことで逆に不信感を抱いた俺は、野球サークルの先輩にことの顛末を相談した。

その先輩は俺の2歳年上で、短大を卒業した後、イベント系の会社に勤めているという話だった。まだ20代前半だというのに立派なヒゲをたくわえており、社会経験豊富な雰囲気を漂わせていたので、「この人なら何かわかるかもしれない」と思ったのだ。

「それ、詐欺やで」

先輩は俺の話を聞くなり、断定した。

やっぱりそうか――。

「詐欺」という言葉を聞いた瞬間、その場に崩れ落ちそうになった。

俺が情けない顔をしていると、先輩は契約の際に交わした電子書面を見ながら、「ちょっと待って」と言った。

「いまなら、解約して金を取り戻せるかもしれん」

先輩によると、電子書面には支払った金額の3分の2が返金される〝早期解約〟が可能だと書かれているという。

その後、先輩に教えてもらいながら、解約手続きを行った。その結果、60万円のうち40万円を返金させることができた。

返ってこなかった20万円は痛いが、勉強代だと思えば高くはない。

そう思い、自分自身を納得させた。

だが、安心したのも束の間、俺はこの一件がきっかけでさらなる悪徳商法の沼に沈み込んでいくのだった。

稼げる副業「アダルトアフィリエイト」

戻ってこないと諦めていた40万円を、俺は先輩のアドバイスで取り戻すことができた。

だが、アルバイトが見つからないという問題はまだ解決していなかった。

俺はついさっき痛い目に遭ったばかりだというのに、金を稼ぎたいという思いはまだ人一倍強く持っていた。そこで例の先輩に相談すると、ひとつの副業を紹介してくれた。

それが「アダルトアフィリエイト」だった。

「アダルトアフィリエイト」は、「アフィリエイト（成功報酬型広告）」の中でも、出会い系サイトに特化した広告のことだ。

契約している出会い系サイトに新たなユーザーを紹介し、そのユーザーが

・電話番号
・メールアドレス
・本人確認書類

の登録を済ませると、紹介者に数千円の報酬が入るという仕組みだ。

新規ユーザーを登録させる手法にはさまざまなものがあるが、先輩が俺に教えてくれたのは、Twitter（現：X）上で女性になりすましたアカウントを運用し、言葉巧みに男性を誘って、

「あなたと会いたいけど、いきなりだと不安だから、もう少しこのサイト上でやりとりさせて……」

などといってサイトに登録させ、ダイレクトにユーザーを一本釣りするというものだった。

ちなみに紹介する出会い系サイトは、登録自体は無料なので、その時点ではターゲットに金銭を支払わせることはない。そのため、どこか後ろめたい気持ちはあったが、明確に悪いことをしている、という感覚はそれほどなかった。

その「アダルトアフィリエイト」だが、実際にやってみると本当に稼ぐことができた。試行錯誤をしながらＳＮＳのアカウントを運用していると、コツを掴むことができ、ターゲットの一本釣りに次々と成功した。

ほどなくして2万円の出金ができたときには、思わず、

「スゴッ！」

と感心してしまった。

モラルの面から言えば、こういったアフィリエイトが成立していること自体褒められたものではないのだが、この手法は現在も再現性がある。ネットで検索すると詳しいやり方が拡散されているので今でも行われているのだろう。出会い系サイトに純粋な出会いを求めている読者がいたら、ぜひ注意してほしいところだ。

「マルチ商法の詐欺に遭う」

「ネットで稼ぐ」


そんなディープな体験を経て短大を卒業した俺は、当時同棲していた彼女が上京するというので、東京の会社に就職することにした。仕事は訪問営業だったが、引き続き副業を続けており、多いときにはアフィリエイトだけで週に8万円ほどの収入を得ていた。

しかし、ユーザーから通報が入ったのか、運用していたネカマアカウントが停止されてしまう。確実に稼げる副業を見つけたつもりでいたが、アカウントが使えなくなり、振り出しに戻ってしまった。いつアカウントが停止されるかわからないのに、またイチからアカウントを作り、育てるのは効率が悪い。

そこで俺はアダルトアフィリエイトに見切りをつけることを決断する。そうしてそれまでに得た手法を情報商材として十数人に5万円で販売する一方で、アダルトアフィリエイトを教えてくれたあの先輩に連絡をとった。

悪徳詐欺集団から金を取り戻す方法を教えてくれてからというもの、俺は先輩に全幅の信頼を寄せていた。

「なにか、もっと効率よく稼ぐ方法はないですか」

アダルトアフィリエイトで手軽に稼ぐことに慣れてしまった俺は、すっかり金の魔力に魅了されていた。短大を卒業したばかりの若造が普通に働いて稼げる額など、たかが知れている。そんな中で副業で月に10万、20万という金を手に入れていた俺は、いまの環境を絶対に失いたくないと強く思ったのだった。

そこで先輩から紹介されたのが、「FX自動売買ツール」だった。

このツールに手を出すことで、俺はついに自分も被害者を生み出すマルチの歯車になってしまうのだった。

FX自動売買ツールの罠

先輩から紹介されたFX自動売買ツールは、特別なチューニングが施されており、海外のとあるFX事業者で為替取引をすれば、確実に利益を出せるという話だった。それも面倒な操作は不要で、ただ放置しているだけで不労所得を稼ぐことができるという。

このツールを導入するための費用は、50万円。

安い買い物ではないが、信頼する先輩が勧めてくれているのだ。迷わず購入した。

さっそくツールを導入して、為替取引を開始する。

すると、驚くべきことに、本当に利益が出たのだ。

俺が喜びの報告をすると、先輩は俺が窓口になってツールを販売したら、その一部をバックしてくれるといった。

俺はInstagramのストーリーを使って、真面目に働く社会人をバカにするようなポジショントークを繰り広げ、ツールを紹介した。俺自身も実際にこのツールで儲かっていたので、その事実が背中を押していた部分もあると思う。

その結果、俺は数名の知人にそのツールを販売した。一件売れるたびに、先輩は数万円の手数料をくれた。


いま思えば、これは完全な連鎖販売取引、すなわちマルチ商法だった。

俺は知らず知らずのうちに、先輩のコマにされていたのだ。

結論から書くと、このＦＸ自動売買ツールは長続きはしなかった。

そもそも素人が得体の知れない売買ツールで為替取引を行って、安定した利益を出せるわけがない。実際、俺の取引成績は急激に悪化し、知人にFXツールを販売している間にロスカットになってしまった。ツールを購入してくれた知人たちも、もれなく損をした。関わった人間がすべて泣きを見るという、実にあっけない幕切れだった。

自動売買ツールの正体が知れてから、俺は先輩と連絡を取ることはなくなった。それ以来、先輩がどこで何をしているのか、何も知らない。

ちなみに、このときFXツールを紹介した中で連絡がついた人には、最近になって当時損をさせてしまった分のお金を返すことができた。数年経っていたにも関わらず、みな温かい態度で接してくれ、俺の過去の過ちを許してくれた。本当に申し訳ないことをしてしまったと思う。

マルチ・悪徳商法の恐ろしいところは、その人の経済状況をボロボロにするだけでなく、家族や友人、知人など周りの人間を巻き込むことで、そのひとの人間関係までもめちゃくちゃにしてしまうところだ。ギリギリのところで人間関係を修復できた俺は、かなり運がよかったのだと思う。

KENZO、YouTuberになる

誠心誠意お詫びをした今でこそ、かつての失敗と割り切ることができるが、当時は精神的にキツイものがあった。

「結局は先輩も、俺のことをひとつのコマとしてしか考えていなかったんだな……」

信頼していた先輩に裏切られたことに絶望し、人を騙したという罪悪感にも苛まれた。

知人には謝ることしかできず、ふがいない思いを引きずりながら過ごす中で、俺は訪問営業の仕事を辞め、ＩＴ業界に転職することになった。

そこで出会ったのが、YouTubeだった。

入社後間もなく行われた社員研修で同僚から、

「YouTubeやらん？」

と声をかけられたのだ。

俺は子どもの頃からずっと、〝何か〟になりたかった。

YouTubeは、そんな俺にとってうってつけの舞台だった。多くの人に観てもらえば、お金だって稼ぐことができる。副業を失って生じた心のスキマも埋められる気がした。

それからは試行錯誤の日々が続いた。

どんな内容の動画を撮ればヒットするのか、模索していく。すでに多くの視聴者を抱えていた『ゲンキジャパン』や『えびすじゃっぷ』などのチャンネルを参考にして、バラエティ性の高い動画をつくっては投稿していった。

ご存じない方も多いのではないかと思うが、『新宿１０９』は最初から突撃系、詐欺撲滅を掲げて始まったのではない。

さまざまなバラエティ系動画をアップロードしていくうちに、現在の方向性へと定まっていったチャンネルだ。まだチャンネル開設当初の動画もいくつか残っているので、興味のある方は探してみてほしい。

『【ドッキリ】渋谷のど真ん中でコ○ドームぶちまけてみたドッキリやってみたwww』

『【飯テロ】日本一高いところで叙々苑食べてきたら想像絶するうまさだった。』

『【恋愛ドッキリ】知らない人と相合傘してみたら面白すぎたwww』


など、いま観ると恥ずかしいものばかりだが、コンテンツの面白さ・注目度に比例しているのか、これらの動画は数千回〜1万回程度しか再生されていない。

数多くの登録者がいても、つまらないものは見られない。そういうところもYouTubeの面白さだ。

ちなみに『新宿109』というチャンネル名の由来についても語っておこう。

今でこそチャンネル名の由来に、「110番より早く動くから109」という視聴者からいただいたコメントを採用しているが、もともとは「新宿と渋谷で活動することが多いだろう」という安直な理由から名付けたモノだったりする。「110番より早く動くから109」という発想はとても気に入っている。発案してくださった視聴者の方には、この場を借りて感謝の気持ちをお伝えしたい。

訪問営業から転職したのは、ICT支援員だった。

最近は、学校の教育現場にもICT（情報通信技術）に関連した機器がたくさん導入されている。そうした機器がちゃんと作動するように準備をし、授業での運用をサポートするのが主な仕事だ。

そう説明するとなんだか難しい仕事をしているようだが、実際はめちゃくちゃラクだった。トラブルが発生することはほとんどないので、1日の大半を派遣先の学校の控室でぼんやりしていた。むしろ、やることがなさすぎて辛いくらいだった。

仕事がラクな分、YouTubeに力を注いだわけだが、肝心の視聴数はまったく伸びず、苦しんでいた。いま思えば、自分のキャラクターに合ってもいない企画を無理してやっていたのかもしれない。うまくいかないことにストレスを感じ始めてもいた。

一緒に動画を作っている仲間との〝感覚のズレ〟を感じ始めたのもこの頃だ。「線香花火100本燃やしてみた」という企画が上がってきたときは、正直、少し呆れてしまった。

結局、動画制作を始めてから2、3か月ほどで、他のメンバーは脱落。それからは俺ひとりでチャンネルを回すことになった。

1人になり、チャンネル登録者数が増えない中で励みになっていたのは、「このままで終わったらダサいぞ」という反骨心だけだった。「流行りに乗ってYouTuberになってみたけど、上手くいかなかったから止めます」なんてダサい真似だけはしたくない。

そんな思いでもがいている中、突破口になるひとつのアイディアを思いつく。

それが、過去に俺自身が被害者になり、また加害者にもなった〝マルチ・悪徳商法〟を動画の題材にする、ということだった。

初めての潜入動画

俺はこれまで〝マルチ・悪徳商法撲滅〟を掲げて、さまざまな団体に乗り込んできた。その中でも、『NOVAアフィリエイト』は、チャンネル初期の頃から足掛け2年ほど追い続けた、ある意味で思い入れのある組織だ。

『NOVAアフィリエイト』は、オンラインカジノを使った悪徳商法を展開している。日本ではオンラインカジノの運営は違法だが、海外事業者だから日本の法律は適用されないという謳い文句で巧みに勧誘し、そのユーザーがカジノで遊ぶと紹介者に利益が入るという、〝アフィリエイト〟とは名乗りつつも実態は〝マルチ商法〟を展開する悪徳組織だ。

マッチングアプリがマルチ組織の勧誘の場になっているという情報を得た俺は、釣り糸を垂らして怪しいヤツらが食いついてくるのを待っていた。そうやって網を張っていたところ、現れたのがA子だった。

A子の年齢は30代。やけに地味なプロフィール写真に目が奪われた。本来、マッチングアプリは男女の出会いの場。普通はそれなりに〝盛れた〟プロフィール写真を使うはずだが、A子の写真は不鮮明で、そのうえ、ボケていた。

気になったので、メッセージを送ってみた。コミュニケーションを取るのが苦手なのか、あまり盛り上がらない。それでもやり取りを続けていると、話が次第に怪しい方向に進みだした。投資やお金儲けといったワードが出てくるようになったのだ。

興味がある素振りを見せると、A子は詳しい人を紹介してくれると言った。これはもう間違いない。マルチの会員と〝マッチング成功〟だ。

数日後、俺はA子と会うことになった。

指定された場所は、渋谷だった。

現れたA子は、マッチングアプリのプロフィール写真に輪をかけて地味な女性だった。

勧誘慣れしていないのか、どこかおどおどしているのが印象的だった。

マークシティのスターバックスで軽くお茶をした後、〝紹介したい人〟がいるという場所まで向かう。道玄坂を上り、A子がラブホテル街の方向に進んだときは少しドキッとしたが、到着したのはホテルではなく、茶色いレンガ模様のマンションだった。

たしか2階の201号室だったと思う。A子に誘われて室内に入った。

「うわ、狭っ！」

よくあるワンルームマンションの一室のようだが、かなり狭く感じる。

殺風景な部屋で、2人がけのソファー、1人用のソファー、あとはテレビ台の上に置かれた液晶テレビくらいしかない。不気味なほど生活感のない部屋だ。

ここは勧誘のための部屋なんだな……。部屋の中をきょろきょろと見渡していると、部屋の中にいた男が挨拶をしてきて、2人がけのソファーに座るよう勧めてきた。

そうしてテレビをつけると、男がDVDを再生した。

隙を見て、スマホの録音ボタンを押す。

内容は、『NOVAアフィリエイト』の企業紹介とビジネス内容の紹介だった。

ビデオを見終わると、本格的な勧誘トークが始まった。

男はこちらが相槌を返す間もないほど、一方的にまくしたてる。未知のビジネス、難解な用語、興味のない業界話……。話を理解しようとするが、頭の回転が追いつかない。男の話が一段落ついた時には、2時間が経過していた。すさまじい疲労感だ。ただ、座って話を聞いていただけなのに、体がぐったり疲れている。

「さあ、それで契約した後の話だけど……」

やるとは一言もいっていないのに、なぜか始める前提の話になっている。

ここにきたのは、動画の撮影のため。勧誘もあえてされているというのに、どこかで気持ちが揺らぐのを感じた。

意味不明な話を長時間にわたって聞かされたことによる、精神状態の異常。

2人が醸し出すやって当たり前、やらなきゃおかしいという空気。

そして、圧迫感がある狭い室内。

それらが相まって、異様に断りづらい雰囲気になっていた。

『NOVAアフィリエイト』の会員になるのには、ランクに応じて12万円、24万円の費用がかかる。男とA子は、その金をいま払って今日から始めようと盛んに勧める。

「いま手持ちがないんです」

「銀行にはあるでしょ？」

「いや、残高も全然なくて」

「じゃあ、クレジットカードは？」

「友だちに勝手に使われて、ブラック状態なんです……」

するとA子が目を輝かせて言った。

「だったら、ア◯ムはどう？」

有名な消費者金融の会社だ。

「ワタシもア◯ムで借りて始めたよ！　すぐに返せるから、大丈夫だよ！」

紹介料欲しさに強引な勧誘を行い、消費者金融で借金をさせて入会させるという手口は、悪徳マルチ商法を行っている組織ではよくあることだ。しかも、当の本人はそれほど悪気がない中で行っているからタチが悪い。

その後も男とA子は執拗に俺に借金するように迫った。

何度も拒否したが、2人はなかなか引き下がらない。結局、その後も押し問答が続き、今日のところはいったん帰って、自宅で信用状況をチェックすることを条件に解放してもらえることになった。

悪徳マルチは、このように断りづらい状態を作り出して勧誘する。

・マンションの一室などクローズドな空間に呼び出す

・複数人で畳みかける

・帰る意思を示しても、はぐらかして帰さない

逆に言えば、そんな状況を作ること自体、連中が悪徳業者・詐欺集団だと証明していることになる。俺のもとに寄せられた情報では、12時から23時までぶっ続けで勧誘されたというケースもある。「約束がある」「急な用事が入った」など架空の用事を使ってもかまわない。一刻も早くその場から立ち去るべきだ。

ちなみに『NOVAアフィリエイト』だが、その後も俺は幹部やセミナーに突撃するなど、独自に追及を続けてきた。

その結果というわけではないが、幹部である笠井秀哉《ひでや》と井上岳《たけし》は消費者庁より2021年6月22日付けで、特定商取引法の計8項目の規定に違反、または該当するとして、15か月の業務停止をはじめとする行政処分を受けた。

『NOVAアフィリエイト』は行政処分を受けた後、『ERA』、『HLC』と名前を変えて現在も運営を続けている。主要幹部が逮捕されても、行政処分くらいではたかが知れている。組織はいまも壊滅することなく、同じような手法で被害者を生み続けているのだ。

悪徳組織に対する処分の軽さは、マルチ会員自身が罪の意識を感じにくいため、勧誘を続けてしまうという悪循環も生んでいる。

この構造を断ち切らない限り、悪徳組織がなくなることはないだろう。

突撃系TikToker・相原さん

『NOVAアフィリエイト』の勧誘潜入体験は、俺にとって初めての悪徳マルチ突撃をテーマにした動画になった。

音声中心の動画だったので、期待していたほど視聴回数や登録者数の伸びはなかったが、手応えはそれなりに感じていた。しっかりと動画の〝絵作り〟ができていたら、もっと話題になったのではないか、と思った。

『NOVAアフィリエイト』をはじめとした悪徳マルチや詐欺集団など、人々の関心が高そうなテーマを探る「潜入系」として活動の方向性が定まりつつあった頃、1人のTikTokerと出会うことになる。

悪徳マルチ組織に突撃して、当時2万人のフォロワーを獲得していた相原さんだ。

相原さんは『トレードプラス』というバイナリーオプションの自動売買ツールを扱う詐欺集団に騙されたことがきっかけで、悪徳マルチ組織に突撃するという動画をTikTokに投稿していた。恨みをエネルギーに変えて突撃する直情型のキャラクターが人気で、俺もよく動画を観ていた。

そんな相原さんが、当時、チャンネル登録者数500人に過ぎなかった俺の動画のコメント欄に、動画の転載許可を求めるメッセージをくれたのだ。

これがきっかけとなり、相原さんと意気投合。

神奈川県横浜市の関内で行われる『トレードプラス』のセミナーに、一緒に突撃させてもらえることになった。

初めての突撃

約束の時間に関内駅に到着して、相原さんと合流した。

相原さんは想像していたよりも背が高かったのが印象的だった。

セミナーの参加者だろうか、関内駅の周辺には〝いかにも〟といった感じの若者たちがたむろしていた。

ひとまず駅前のモスバーガーで作戦会議をすることになった。相原さんは過去の突撃で顔バレしている。そこでまず顔が割れていない俺がひとりでセミナー会場の周辺に行き、現場を確認。相原さんは後からタクシーでやってきて、突撃するという段取りになった。

セミナー会場に近づいていくと、会場の入口まで続く長い行列が見えた。開場待ちをする参加者たちが2列になってずらーっと並んでいる。

「すげえ……」

大勢の参加者を目の当たりにして、思わず声が漏れる。

想定していたよりも、ずっと数が多い。

こんな大人数相手に、たった2人で突撃するなんて正気の沙汰じゃない。

恐怖で体が固まり、足の運びがぎこちなくなる。手を固く握ると、汗でぐっしょり湿っていた。

相原さんはまだこないのか。くるなら早くきてほしい。

そんなことを考えていたら、突然声をかけられた。

「あなたも参加者ですか？」

きょろきょろしているのを怪しまれたのか、スタッフらしき男が怪訝な表情を浮かべて、俺を見ている。

やばい！　曖昧に返事をしてその場を立ち去る。少し歩いて振り返ったが、男はもう消えていた。どうやらバレなかったようだ。

列から少し離れた場所でほっと一息つく。

すると、次の瞬間、行列の辺りで怒号が上がった。

録画のためにスマホを構えて、声のする方に駆けつける。

「やってんねぇ〜！　やってんねぇ〜‼」

相原さんだ。叫び声を上げながら、相原さんがマルチ会員の行列に突っ込んでいく。揉み合いになる相原さんと会員たち。スイッチが入った相原さんはもう誰にも止められない。何事か絶叫しながらマルチの会員に掴みかかる相原さんに、負けじと会員も応戦する。俺はこの光景を一瞬たりとも撮り逃がすまいと、スマホを構えた。互いに罵り合い、髪を引っ張り合う……、すさまじいライブ感だ。

そのとき、誰かが通報したのか、警官が走ってくるのが見えた。

突撃はここまでだ。俺は争いの真っ只中に分け入って、「やめましょう！　やめましょう！」と必死に止めた。


それからの記憶は曖昧だ。

相原さんと俺は近くの警察署に連行され、それぞれ事情聴取を受けた。

もちろん、事情聴取を受けるのも初めての経験だ。俺は動画を撮影していただけで、一切手は出していなかったが、このまま逮捕されるんじゃないかという不安がよぎる。だが、俺の心配をよそに警官による取り調べはあっさりと終了した。

早々と解放された俺は、警察署の前で相原さんが出てくるのを待っていた。

しばらくして相原さんが出てきた。

「いい絵が撮れたで‼」

興奮気味だ。事情聴取をされたことなんて、なんとも思っていないらしい。

俺も同じ気分だった。突撃の緊張からの解放、そしていい絵が撮れたという達成感……たとえようのない充実感で全身がみなぎっていた。

撮影した動画は、すぐに編集に入り、相原さんのTikTokとタイミングを合わせて公開した。TikTokの効果もあってか、俺の動画の視聴数もどんどん伸びていく。わずか500人だったチャンネル登録者が、一晩経つと1500人に増えていた。総視聴時間も4000時間を突破し、収益化のラインも達成した。

あれだけ試行錯誤をしても伸びなかった登録者数が、一瞬で3倍になるとは……。

「このジャンルは、これから伸びていく」

俺はリロードするたびに増えていく動画の視聴数を眺めながら、そのことを確信した。

相原さんとはその後、5回ほど『トレードプラス』に突撃を行った。

そんな中、相原さんはついに逮捕されてしまう。相原さん単独で突撃した際、相手に暴行を加えてしまったのだ。

この時は留置場に拘留された相原さんに会うために、警察署に面会に行った。これも初めての経験だった。

相原さんの逮捕は、俺にとってショッキングな出来事だった。

「俺が一緒に行っていれば、止めることができたかもしれない」

そんな風に考えて、悔やんだりもした。

結果的に相手方と示談になり、相原さんは起訴されることはなかったが、以降、『トレードプラス』への突撃はできなくなった。アップしていた動画も、相手方の弁護士から内容証明が届いたので現在は削除している。

相原さんとはその後、意見や方向性の違いから距離を置くことになった。

この原稿を書いている現在は、交流は一切なくなっているが、俺が「突撃系」というジャンルと出会ったのは、間違いなく相原さんのおかげだ。末端のYouTuberだった俺を引き上げてくれた相原さんには、感謝しかない。

相原さんとの出会いによって、手に入れた「突撃」という軸。

だが、突撃は逮捕と隣り合わせの危険な行為であることを、改めて気付かされた。

この一件があってから、俺は動画を撮るときはいつも「やっていいことと悪いこと」の〝ボーダーライン〟を意識するようになった。

再生回数やチャンネル登録者数はたしかに大切だ。でも、数字を求めるあまり法律を犯し、すべてを失ってしまっては元も子もない。

だが、同時にインパクトのない動画は誰にも見てもらえない。

注目される動画を作るには、一般の視聴者が思いもしないような領域まで踏み込んでいかなければならない。

そんなジレンマを抱えながら突撃を繰り返すうち、俺はついに危険な一線を越えてしまう。そして、かつてない恐怖に直面するのだった。

【第二章】拉致・監禁・暴行

黒田歩夢との出会い

突撃動画を公開するようになると、次第に視聴者から情報が寄せられるようになった。

「○○という怪しい会社に勧誘されたので、突撃してください」

「悪徳マルチ組織の××という団体が、今度、新宿でセミナーをやるそうです。潜入してみてください」

SNSのDMなどを通じて、そうしたメッセージが舞い込んでくる。

その中に、ひとつ気になるものがあった。

黒田歩夢《あゆむ》という男が、新宿を中心に副業サークルと称して人を集め、金の持ち逃げなどの詐欺行為を働いているという。

興味を惹かれたポイントは、黒田の肩書だ。

黒田は、かつてアイドルグループの「ジュノン・スーパーボーイ・アナザーズ」に所属していた。つまり、元芸能人だというのだ。

それまで俺が突撃してきた悪徳マルチ組織は、被害者の数こそ多いものの、世間的な知名度はそれほど高くはなかった。

「再生回数を稼ぐ」ことを重点的に考えれば、〝元芸能人の詐欺師〟は、うってつけのテーマだ。

俺はさっそく黒田に接触することにした。

調べてみると、黒田のSNSは簡単に見つかった。

「副業をやりたいです」

そんなことを書いたDMを送ると、すぐに返事がきた。

何度かやり取りをして、新宿で会うことになった。

待ち合わせ場所は、新宿三丁目のイタリアン・トマトだった。

黒田は2人の仲間をつれてきていた。

いずれも20代だろうか。黒田は元アイドルというだけあって、さすがに目立つ顔立ちをしている。

さっそく怪しい副業の勧誘が始まった。俺は今回、勧誘の様子をライブ配信するつもりだった。隠しカメラを回しながら勧誘を受ける。そうして詐欺の証拠を掴んだところで警察に通報し、黒田たちを一網打尽にするというプランだ。

しかし、途中で隠し撮りをしていることが黒田たちにバレてしまう。

黒田たちは自分たちがハメられていたことを悟ると、慌てて席を立った。

そして店を出ると、3人が分かれてバラバラの方向に歩き出した。

誰にするか一瞬迷ったが、俺は黒田を追いかけた。

「待てよ、警察に行くぞ！」

「警察？　行けばいいじゃん」

黒田は詐欺の証拠を掴まれたというのに、やけに堂々としている。

その後、押し問答を繰り返した結果、黒田は警察にいくことを了承。事情聴取を受けさせることに成功した。

とりあえず、動画の最低限の目的は達成した。

これで黒田たちもしばらくはおとなしくしていることだろう。

そう思っていたら、翌日になってInstagramに不気味な投稿があった。

「夜道は気おつけろよ　この人数晒したら　どうなるか」（※原文ママ）
「どんな些細な情報でも構いません　24時間警察は守ってくれないよ」
「このメンバーに懸賞金かけます。幹部16人から総額1000万　住所　名前　どんな情報でも賞金出します。迷惑された方多数　TWITTERでも共有!!」

メンション付きで、このようなメッセージの投稿があったのだ。
ご丁寧に俺の顔写真までキャプチャされている。
SNS上の手配書――、ようするに脅迫である。

意外な誘い

いま思えば、黒田に対する突撃は、俺の勇み足な面もあった。

突撃にあたっては、本来、入念な下調べが欠かせない。

ターゲットは何者なのか、どんなバックがついているのか、何人で動いているのか、そして突撃をした場合にどんな抵抗してくるのか……そうした点をある程度把握しておかないと、思わぬトラブルに陥るおそれがある。

黒田のケースでは、その下調べが甘かった。話題になりそうだから早く撮影したい、と焦るあまり、知らず知らずの間に危険な領域にまで踏み込んでしまっていたのだ。

もちろん、Instagram上の脅迫が、何の後ろ盾もないハッタリの可能性はある。

しかし、俺がやっているのは、それこそ何の後ろ盾もない状況で、たったひとりで犯罪者にケンカを売っているようなものだ。

「夜道は気おつけろよ　この人数晒したら　どうなるか」

「このメンバーに懸賞金かけます。幹部16人から総額1000万円の懸賞金」

この言葉に、俺は少なからず恐怖を感じた。

黒田たちなら、本当に一線を越えて、俺に危害を与えるかもしれない。

そう思うと、いても立ってもいられなくなった。

そうして俺は、黒田たちに和解を持ちかけることにした。いまとなっては情けない限りだが、このときは恐怖で仕方がなかったのだ。


黒田に連絡を入れると、話し合いの場を設けてくれることになった。

指定された新宿・歌舞伎町のカラオケ店に向かうと、黒田の他にこの間の2人もいた。

席につくと、改めて紹介を受けた。

体格のよい短髪の男は、八林凌也《やつばやしりようや》と名乗った。仲間内では〝カネキン〟と呼ばれているという。関西なまりで体格がよく、押しの強さを感じた。もうひとりの男は、三浦大貴といった。

和解の話はスムーズに進んだ。

黒田たちは意外と柔らかい態度で、むしろ俺に助けてほしいと言ってきた。

なんでも、3人はYouTuberとして活動を始めたところだという。

チャンネルの軸は、3人の更生ストーリー。詐欺の被害者にこれから返金していくらしく、その過程を撮影してYouTubeで公開するという。俺にはその撮影を手伝ってほしいということだった。

「お互い和解して、協力しながら真っ当に稼いでいこう！」

黒田たちはそんなことを言った。

連中のやってきたことは、決して許されるものではない。

だが、誰にだって失敗や間違いはある。

本気で更生したいというなら、俺も手を貸したい。それにYouTuberとして活動していく上で、きっと黒田のビジュアルは活かせるはずだという思いもあった。


俺は黒田の提案を受け入れた。

そうして、俺はそれから黒田たちと頻繁に顔を合わせるようになった。

だが、親しくなっていく中でも、どこかで不安は感じていた。

彼らは簡単に人を騙したり、脅迫したりする連中だ。「更生する」という言葉をどこまで信じたらいいのか。俺は自問自答を繰り返しながらも、黒田たちのYouTubeに協力していったのだった。

「YouTube、やってるでしょ?」

時を同じくして、俺は人生の岐路に立たされていた。

YouTuberとして実績を重ねていけば、いずれその時がくることはわかっていたが、イメージしていたよりも、それはずっと早くやってきた。

ある日、職場の上司から本社にくるように、と呼び出された。

当日、本社で告げられたのは、

「YouTube、やってるでしょ?」

という一言だった。

予想通り、YouTuberとしての活動が、会社にバレてしまったわけである。

当時のチャンネル登録者数は、約7000人。

まだ大丈夫だろうと思っていたので少し面食らったが、最初から覚悟は決まっていた。

このような時がくることを予期していたから、YouTuberとして顔と名前を売るために顔出しで動画を投稿してきたのだ。

会社から決断を迫られたのは、

「YouTubeを辞めて、このまま働くか」

「会社を辞めて、YouTubeを続けるか」

という二択だった。

働いていた会社が副業禁止であることは理解していたので、この提案は致し方ない。

会社としては他の社員の手間、知ってしまったら対処するのは当たり前だし、むしろ、続けるかどうかを俺に選ばせてくれるだけでもありがたかった。

この時のYouTuberとしての収益は、月5万円程度。

普通に考えれば、とても生活できる額ではない。

でも、その5万円は自分を奮い立たせながら、試行錯誤を重ねて積み上げてきたものだ。

苦労して作ってきたチャンネルを簡単に手放すわけにはいかないし、何よりYouTuberとして活動する時間は楽しかった。突撃したり、動画を編集したりしている時間の方が、仕事をしているときよりもはるかに充実していた。

俺は会社を退職して、YouTuberとして生きていくことを決めた。

身勝手な俺に、会社は正式な退職までの出勤停止期間として設けられた、2か月分の給料を出してくれた。

この期間に少しでもステップアップしなければならない——。

そんな焦りもあったのだろう。

退職と前後して、俺は黒田たちとの関係を急速に深めていくことになる。

カネキンの力

黒田たちと関係を持つようになって気がついたのは、グループのリーダーは、ネームバリューのある黒田ではなく、4つ年上の〝カネキン〟こと八林凌也だということだった。

これまで何人も騙してきた経験からだろうか。

八林は非常に口が達者で、関西弁を威圧的に使いこなした。

そんな八林と行動をともにするうちに、俺は知らず知らずの間に八林からの提案を断りづらくなっていた。

八林は次のような言動をとって、巧妙にマウンティングしてきた。

・会話の端々に暴力団の組織名を出す
・芸能界とつながりがあるように振舞う
・黒田と組んで大量の酒を飲むように仕向ける

いま思えば、八林の行動は異常だった。

ある時は、財布からクレジットカードを抜き取られ、勝手に飲食店の支払いに使われたことがあった。また、あるときはGPSを利用した鬼ごっこに強制的に参加させられ、罰ゲームと称して、女性用の下着だけを身につけた状態で電柱に縛り付けられたこともあった。そんな八林の〝異常な遊び〟は、徐々にエスカレートしていき、次第に俺と八林の間で、抗いがたい上下関係が作られていった。

その一方で、八林は俺をつなぎとめるために、アメをチラつかせるのも忘れなかった。

知り合ってしばらくしてから、八林にキャバクラの共同経営を持ちかけられた。

歌舞伎町の空きテナントでキャバクラをやりたいのだが、八林には前科があるため、俺の名義を貸してほしいという。改装費などの開店資金はすべて向こうが負担、俺の持ち出しは一切必要ないという話だった。会社を辞めたばかりで経済的な不安を抱えていた俺にとって、この共同経営の話は非常に魅力的だった。

結局、テナントの契約ができず、この話は流れてしまったが、はたして八林がどこまで本気だったかはわからない。後で知ったが、八林は同じような話を使って、色々なところから金を引っ張っていたという。俺も八林の持つ詐欺スキームのひとつに、危うく騙されかけていたのかもしれない。

そんな折、前述した相原さんの逮捕事件が発生する。

単独で突撃動画を撮影していた際、相原さんは『トレードプラス』の関係者に暴行を加えて、警察に捕まってしまったのだ。

仲間が逮捕された、という一報に俺は少なからず動揺した。

そんなとき、俺のスマホが鳴った。

八林からの電話だった。

「お前にも内偵が入っとるで」

「え、俺に内偵ですか？」

「相原がパクられたやろ。その逮捕に関連して、過去の動画を調べとるらしい」

「でも、俺は暴力行為はやってないですよ」

「いや、弁護士の知り合いに聞いたら、警察は少なくとも4つの罪状でお前を逮捕できるみたいや」

そして、八林は「今は警察が逮捕するために、俺のことを洗いざらい調べている内偵の時期だから、変に動かないほうがいい」といった。

初めての突撃で警察による事情聴取を受けたときから、撮影のために逮捕されるのは仕方がないと思っていた。

「これまでやってきたことが罪に該当するなら、俺は受け入れますよ」

半ばやけになりながらそう答えると、八林は「まあ、聞けよ」とたしなめた。そうして前科がつくといかに大変か、自分の過去の経験を踏まえて説明してくれた。たしかに、俺自身はどうなっても構わないが、飼っているネコのことは心配だ。俺が拘留されたらネコの面倒は誰が見てくれるのか。

「こっちでなんとかしてやるから、いまはおとなしくしていた方がいい」

俺の心を見透かしているのか、八林はそう言ってなだめてくる。その声は優しく、話を聞いているうちに「八林は本当に俺を助けてくれようとしているのかもしれない」とすら思えてきたのだった。


俺が逮捕される、されないという話が3日ぐらい続いた頃だろうか。八林からまた電話がかかってきた。その電話で、逮捕された際の弁護人に話が及んだ。

「仮に逮捕された場合、預金残高が50万円未満だと、金のかからない国選弁護人を使うことができる。お前、いま貯金いくらある？」

「ええと……、150万円くらいです。じゃあ、今のうちに引き出しておいた方がいいんですね？」

「いや、お前が引き出すとまずい。後から口座を調べられたら、故意に引き出したことがバレるで。キャッシュカードを預けてくれたら、俺が引き出して、明細と一緒に保管しておいてやる。……暗証番号も忘れずにな」

ここで出た国選弁護人の話は本当だ。

逮捕・拘留された後、私選弁護人（自分で選ぶ弁護士）に依頼すると、だいたい50万円以上の費用がかかるとされる。その費用を支払えない人のために用意されたのが、国選弁護人の制度だ。国選弁護人を利用するには、流動資産（現金や預金など）が50万円以下しかないことを証明する必要がある。

だが、八林が俺の預金を下ろしたら足がつかない、というのは真っ赤な嘘だ。

詐欺師はわずかな本当を混ぜて嘘をつく。

いま考えれば、こんなバカげた話を真に受けるなんて、俺はどうかしていた。

でも当時は、頼ることができる相手は八林ぐらいしかいなかった。

そうして俺は八林に、１５０万円の残高があった銀行口座のキャッシュカードを預けてしまったのである。

それから数日後、俺は確認のために通帳記入をした。

すると１５０万円あったはずの残高が、わずか５０００円に減っていた。

八林の話が本当なら、残高が50万円以下になっていればいいはずだ。5000円しかないというのは、いくらなんでもおかしい。

俺は慌てて八林に電話をかけた。

「なんで5000円しかないんですか?」

「……だから言っとったやん」

八林は「最初から全額下ろすと言っていた」と言って譲らなかった。だが、俺が聞きたいのは口座から消えた150万円の行方だ。しかし、八林は話の論点を「言った、言わない」に巧みに入れ替えて答えない。いくら問い詰めてもはぐらかされるばかりで、一向に会話が進まなかった。

「金は持っているから安心しろって。ちゃんと後で返すから」

押し問答を繰り返した後、八林は言った。俺はその言葉をもう信じるしかなかった。

「いったい、俺はこれからどうなるんだろう……」

そんな不安な気持ちを抱えていると、数日後、八林から「飲みに行こう。一緒に動画も撮るのできてほしい」と連絡が入った。

正直、酒を飲むような気分ではない。

だが、八林は俺のなけなしの150万円を握っている。ここで誘いを断って機嫌を損ね、150万円が返ってこなくなるのだけは絶対に避けたかった。

そうして俺は行きたくない気持ちを抑えて、八林に会いに行ったのだった。

深夜の危険なゲーム

集合場所に指定されたのは、池尻大橋にある『B』というバーだった。

この店は元芸能人のYと人気俳優のOが共同で経営している店らしく、これまでにも何度か八林と訪れたことがあった。

「俺はYさんと知り合いだから！」

「今日、Oさんくるかもしれないな」

「AV女優のTともココで知り合って、遊ぶ仲なんだよね」

八林はこの店を訪れるたびに、そんなことを言った。

このように有名人の名前を出して信用させるのは、詐欺師の常套手段だ。

その裏にある悪意に気づかず、

「へえ……そうなんだ。すごいなあ」

などと感心してしまったら、それは詐欺師のカモになる第一歩だ。


テーブルにつくと、動画のための企画が始まった。

簡単なゲームをして負けた者がテキーラを飲むという、何の新鮮味もないものだ。

俺は言われるままにゲームに参加した。

ついていないのか、次々に負けてテキーラを何度も一気飲みさせられる。

ショットグラスで20杯ほど飲まされただろうか。俺は完全に酔っ払ってしまった。身体がふらついて、まっすぐ座っていられない。

「もう帰ります」

これ以上、飲まされたらたまらないので、俺は帰ろうとした。

「待てよ。まだ撮影が終わっていないだろ」

八林たちはそう言って俺を引き止めた。

だが、俺は気づいていた。

「カメラ、ないじゃないですか。動画の撮影なんてやってないんでしょ」

俺が帰ろうとすると、八林たちは強引に席に座らせた。

そうして再びゲームが始まった。俺は完全に泥酔状態になり、自分の足で歩けないほど酔っ払ってしまった。


深夜一時を回ったころ、ようやく店を出ることになった。

店を出たところで、突然、目隠しをされた。

耳にノイズキャンセリングのイヤホンをつけられ、その上からガムテープでぐるぐる巻きにされた。両手を後ろに回され、手錠をハメられた。

そうして、俺は店の前に横付けにされた車に押し込められ、そのまま拉致された。俺を呼び出し、拉致するまでの一連の流れは、最初から仕組まれたものだったのだ。

目隠しにイヤホンを付けられている中で、必死に情報を探った。

「どうしよっかー、海行く？」

「海いいねー」

八林らの会話がかすかに聞こえてくる。これから遊びにでも行くかのような無邪気な声だった。

この状態で海に沈められたら、まず命は助からないだろう。だが、そうかといっていまの俺にできることは何もない。そう考えると、逆に気分が落ちついてきた。

「もう終わった……。今日が命日になるな」

俺は揺れる車の中で、ぼんやりとそんなことを考えていた。


車が急に止まった。

降りろ、と車外に引き出される。磯の香りがしない。どうやら海ではないらしい（後で知ったが、代々木公園だった）。

視界が塞がれていたので、つまずいてしまい、硬いものに頭をぶつけた。

「ここじゃ人通りがあるから、移動するか」

声が聞こえた後、再び車に乗せられた。

またしばらく走って車が止まった。

車から降ろされ、目隠しが外される。静まり返った夜の墓地。青山霊園だ。

俺は一瞬の隙をついて逃げ出した。背後から八林たちの笑い声が聞こえてきた。

俺はふらつく足で必死に走った。だが、手を後ろで拘束された状態では、早く走れない。

俺はすぐに八林たちに捕まってしまった。

「こんなことをして……今までのこと、被害届出しますから！　150万、ぜんぜん返さないじゃねえかよ！」

溜まりに溜まったうっぷんを吐き出すように、俺は叫んだ。

顔面に鉄拳が一発、二発飛んできた。

「おい、お前わかっとんのやろな？　被害届を出して、俺が捕まったとして。それはいいけど、お前俺が出てきた後どうなるかわかっとんのやろうな？　そんなんでお前、被害届出すんか？」

「…………」

身動きの取れない俺は、黙るしかなかった。

「出すんか出さないんか、ハッキリしろや！」

一発、二発、三発と蹴りが飛んでくる。

「……出しません」

俺は言いなりになるしかなかった。

やりきれない思いを抱えたまま再度車に乗り込む。

次に向かった先は、八林が当時暮らしていた中井の一軒家だった。

そこで俺は解放され、泥のように眠ったのだった。

目を覚ますと、

「風呂入ってき」

と八林が優しく声をかけてきた。

一瞬、昨晩の出来事が夢ではないかと思った。だが、殴られた顔や体の痛みが現実であったことを教えてくれた。

言われるがままに、シャワーを浴びて服を着た。

そのとき、スマホと財布に入れていた現金2万円がなくなっていることに気がついた。

まさか、八林が盗ったのだろうか。

「スマホはどこにあるんですか？　財布の中の現金は？　返してください！」

俺は八林に訴えた。

「俺は知らん。ほんとに持ってたんか？　途中で落としたんと違うんか？　そんなことよりも、昨日、被害届出すとかいっていたよなあ？」

八林はスマホの画面を俺の方に向けてきた。

画面には「〇〇組の××」という暴力団組員の連絡先が映っている。

「俺が本気になったら、お前なんかどうにでもなるんやぞ」

八林はそう言って脅した。

そして俺はスマホも現金もないまま、自宅へと帰ることになった。

反撃開始

やられっぱなしで、体もプライドもズタズタだった。

だが、このまま引き下がるわけにはいかない。

幸い、自宅には以前使っていたスマートフォンが残されていた。型は古いが、なんとか使うことができそうだった。そのスマホを使って、まずは知人に報告し、事件が起きた池尻大橋を管轄する目黒警察署に相談に行くことにした。

このとき、病院にも行き、暴行に関する診断書も書いてもらった。

・右肩打撲
・右上腕部打撲
・右下腿部打撲
・右示指挫創
・左手部挫創
・左下腿部挫創

これが診断書に書かれた俺の病名だ。

結果的に被害届は受理されなかったが、拉致・監禁・暴行の疑いがあるということで、黒田一味の3名には警察から連絡が行くことになった。

俺は半ばヤケクソで、奪われた150万円を取り戻すべく、八林の家に単身突撃した。交通費を少しでも浮かせるために、八王子の自宅から八林の家のある中井まで自転車で行った。

自宅付近で待ち伏せをし、YouTubeさながらに動画を回しながら、タクシーに乗り込もうとする八林に突撃をした。八林は突然の俺の登場に面食らって、150万円を全額返済することを約束した。

俺は主犯格である八林以外の2名にも、接触を試みた。

三浦に電話をすると、警察からの連絡がきいたのだろう、もうすでに八林とは連絡を取らないようにしているという。

黒田は八林と行動をともにしていたようだが、個別に説得を続けて八林から引き離すことに成功し、目黒警察署に出頭させた。あとから分かったことだが、やはりこの3名の詐欺グループの実権は八林が掌握しており、黒田や三浦は営業担当のようなもので、集まった金の8割は八林が持っていくという力関係だったらしい。

一通り反撃することはできたものの、依然としてスマホは返ってこないし、八林が反社会的勢力とつながっている可能性も否定できないままだった。


拉致事件があってから、1か月ぐらい経った頃だろうか。

俺は八林にいつ襲われるかもしれないという恐怖心を抱きながら、ほとんど外に出られなくなっていた。買い物もできず、食パンやお好み焼きの粉などで飢えをしのぐ毎日。半ばうつになり、適応障害の診断書ももらうほどの体調が悪化した。

ストレスのかかるさまざまな事象が折り重なって、俺は無気力状態になっていた。

収入のメドが立たない中で、150万円の大金を失ったのは痛すぎる。

自分の食費はもちろん、飼っているネコの日々の餌代ですら、どうやって捻出すればよいか悩む毎日だった。そんななか、癒しだったのは「チャンネルがーどまん」の動画だった。笑えて、良い気晴らしになった。


目黒警察署から3人に連絡が行ってから、八林と顔を合わせる機会はなかった。

「八林は、最終的に俺たちを出し抜いて飛ぶ」

そう気がついた黒田と三浦は、八林から離れ、２人で詐欺を続けていた模様だ。

２０２１年10月、黒田歩夢は複数の女性に対し、「芸能人を紹介できる」などとウソを言い、週刊誌に発覚した際の保証金名目として、総額５０００万円以上を騙し取った罪で逮捕された。三浦大貴も類似の詐欺容疑で同11月に捕まった。

八林は２０２２年に入ってから、架空の投資取引をネタに女子大生から多額の現金を騙し取った罪で逮捕された。その後、黒田と八林には実刑判決が下っており、２人は現在服役中だ。過去に逮捕歴があったことに加え、複数の詐欺事件に関わっていたことが影響したのだろう。

八林の逮捕後、俺は愛知県の豊川警察署に行き、事情聴取を受けるなどして捜査に協力した。

その際、担当の警察官は

「八林は起訴するのが難しいと思うんだよなぁ〜」

と言っていた。実際に八林が起訴されたという報道が出たときは、心の底から安堵したのを覚えている。

奪われた現金とスマホの行方

ちなみに、奪われた現金の150万円だが、その大半は戻ってきていない。

拉致事件後の突撃で一度は返済を約束させたはずだったが、結局、返ってきたのは30万円だけだった。それから八林は服役してしまったので、残りの120万円は戻ってくることはないだろう。

あとでわかったことだが、八林は俺の銀行口座も勝手に売り飛ばしていた。売り飛ばされた俺の口座は、あろうことか架空口座として犯罪に使用されていた。八林は最初から俺の口座と金を狙っていたのだろう。

また、拉致事件の最中に奪われたスマートフォンだが、これも失われたままだ。

実は、拉致事件の前に八林から、

「『新宿109』をプロデュースする権利を1000万で購入したい。企画と収益は俺が管理する体制に移行しないか」

という打診を受けていた。

一度は断ったが、八林は諦め切れなかったらしい。俺のスマホを奪うことで、YouTubeをはじめとするSNSのアカウントを乗っ取ろうという魂胆があったようだ。

俺が黒田と知り合い、拉致されるまでの一連の流れを整理すると、八林は俺をただのカモとしか考えていなかったことがわかる。ハッタリをかまして俺を支配下に置き、術中にはめ、しゃぶれるところまでしゃぶりつくして、いらなくなったら捨てればいい、そんな八林の考えが透けて見えてくる。

このような詐欺師は、なにも八林だけではない。世に蔓延る悪徳マルチ組織とはまた別のところで、八林のように少人数で悪事を働く詐欺師たちも暗躍しているのだ。

彼らの術中にハマってしまった経験を持つ俺から言えるのは、

・「年上だから」「お金を持っているから」という単純な理由で信用しないこと
・「お世話になったから」とムダに恩義を感じないこと

・「人脈がある」「有名人と知り合い」「半グレと付き合いがある」などという言葉を真に受けない
・お金が絡むシーンは特に気をつける

ということだろう。

とくに新しく人と知り合った際には気をつけた方がいい。

人を見る目というのは、ある程度、人に会ったり、社会経験を積んだりしないと身につかない。20代半ばぐらいまで方は注意していただきたい。

詐欺師は人並みの倫理観など持ち合わせてはいない。自分以外の人間は、すべて金を運んでくるカモだと思っている。そこに一片の情けもないのだ。

継続することに意味がある

死を覚悟するような経験をして、精神的に大きなダメージを負った俺だったが、約1か月の無気力生活を送った後に取り組んだのは、やはりYouTubeだった。

これだけ痛い目を見ながら、まだ続けるなんて、傍から見れば愚かに映ったかもしれない。だが、会社を退職した俺にはもうこれしかなかった。

もちろん、このまま活動を続けたからといって、稼げる保証はひとつもない。

しかし、これまでの活動によって、被害者から徐々に情報が集まるようになっていた。

その中には切実なものもたくさんあった。


「警察に助けを求めてたが、動いてもらえなかった。

だから、KENZOに突撃してほしい」


そういうDMを読むたびに、俺はこのままではいけないと心を奮い立たせた。

そして、詐欺の被害をこの世から一掃するために、俺は心を新たに、また動画を投稿し続けることを決めたのだった。


YouTubeを継続することが決まったあとは、すぐにバイト探しを始めた。

ここで俺がアルバイト先として選んだのは、大手のピザチェーンだった。

そう、学生時代にクビになったあのピザ屋だ。

過去に働いた経験があるので、仕事をイチから覚える必要がない。それにシフトに融通が利くこともわかっていた。YouTuberとして活動するには、うってつけの職場だと考えたのだ。

それからしばらくの間は、動画を制作しながら生活費を稼ぐためにアルバイトをする日々が続いた。

ピザ屋のアルバイトで稼げる額は月10万円ほど。

動画制作にかかる経費のことを考えると十分とはいえなかったが、それでも安定した収入を得られるのはありがたかった。

バイト先の人たちはとても理解があって、急なシフトの変更にも対応してくれるなど俺の活動を後押ししてくれた。

なによりありがたかったのが、アルバイト先で気軽に話をするできる友人ができたことだった。

相原さんが逮捕され、タチの悪い人間と付き合った挙句に監禁されてしまった。そうしたことを立て続けに経験して、俺の心はすっかり冷え込んでいた。バイト先の仲間は、そんな俺に温かく接してくれ、凍りついた心を溶かしてくれた。

このピザ店には、２０２３年3月までお世話になった。

そこから俺はYouTuberとして一本立ちし、『新宿１０９』の活動に全力で取り組んでいくようになった。そうして突撃系YouTuberとして、悪徳マルチや詐欺集団への突撃に邁進していくのだった。

【第三章】鳴りやまない通知

世界一のMLM企業『アムウェイ』

「突撃」を軸に動画の投稿を続けていくなかで、大きな反響を得たのが、アムウェイへの突撃動画だった。

アムウェイは1959年にアメリカで創業された、日用品などを販売するMLM（マルチレベルマーケティング＝連鎖販売取引）の会社だ。世界の100以上の国々に広がっており、ここ日本でも1970年代終わり頃からビジネスを展開している。

この本を読んでいる方も「アムウェイ」という社名を一度は聞いたことがあるはずだ。

「知り合いが、アムウェイの会員だ」

「入会しなかったが、勧誘を受けたことがある」

そんな経験を持つ人もいるかもしれない。

抜群の知名度を誇る『アムウェイ』だが、注意していただきたいのが、〝違法な組織ではない〟というところだ。

いったいどういうことなのか。

少しややこしい話になるが、お付き合いいただきたい。

連鎖販売取引は、日本では「特定商取引に関する法律（特定商取引法）」で規定されていて、継ぎの4点を満たすものが連鎖販売取引、すなわちマルチ商法だとされている。

一、物品の販売（または役務の提供等）の事業であって
二、再販売、受託販売もしくは販売のあっせん（または役務の提供、もしくはそのあっせん）をする者を
三、特定利益（紹介料や販売マージン、ボーナス等）が得られると誘引し
四、特定負担（入会金、商品購入費、研修費等の名目で、何らかの金銭的な負担）を伴う取引（取引条件の変更を含む）をするもの

簡単にいうと、ある商品の購入者が別の者に商品を売ったり、会員を勧誘することに

よって利益を得て、販売組織を拡大していく、というビジネスモデルだ。

連鎖販売取引は、よくねずみ講（無限連鎖講）と混同されることがある。しかし、この2つは似ているが、異なるものだ。

ねずみ講は、基本的に金銭のやり取りが中心だ。

一、ねずみ講の本部や先輩会員に入会金を支払い、組織に加入する
二、新規会員を最低2名勧誘。加入者は一定金額を本部や先輩会員に上納する
三、自分が勧誘した会員（子会員）に、新たな会員（孫会員）を勧誘させる

といった形で組織を拡大していく。このやり方だと27代進むと会員が1億人を突破するため、必ず行き詰まってしまう。そのため、法律で禁止されているのだ。

それに対し、連鎖販売取引は商品が介在しているため、適切に運営しさえすればビジネスは継続する。「特定商取引法」に規定された条件を守っている限り、連鎖販売取引は合法なビジネスなのだ。

特定商取引法で規定された条件とは、次の通りだ。

- 契約締結前や契約締結時の書面交付の義務付け
- 広告への一定事項の表示の義務付けや誇大広告の禁止
- 不当な勧誘行為（不実告知、威迫困惑行為等）の禁止
- 20日間のクーリングオフ
- 中途解約権の付与

さきほど『アムウェイ』は〝違法な企業ではない〟と書いた。

それは基本的に、これらのルールを守って営業をしているからだ。

しかし、70万人近くいるとされる日本アムウェイのディストリビューター（販売員）の中には、そのルールを破って違法な勧誘活動に勤しむ者もいる。

2021年11月、日本アムウェイ会員の違法な勧誘実態が明らかになった。

京都で2人の会員が特定商取引法違反で逮捕されたのだ。

逮捕された公務員の男は、マッチングアプリで知り合った女性に対してエステをしないかと持ちかけ、会員が借りていたと思われるマンションに誘導。施術後に化粧品の購入を勧め、「会員になれば安く買える」などと言って、アムウェイの会員になるように勧誘したという。

このケースでは、

・勧誘の目的を告げずに勧誘を行う、いわゆる「ブラインド勧誘」
・公衆の出入りのない場所での勧誘

を行ったことが禁止事項に当たったとみられる。

女性はその場で契約をさせられたが、翌日になって京都府警に相談に行った。府警には同様の相談が数十件寄せられていたことから、逮捕につながったのだ。

公務員の男がアムウェイ会員として副業を行っていたこと、そして、それを許していたアムウェイ自体にも驚きの目が向けられたが、それ以上に衝撃だったのが「あの『アムウェイ』からついに逮捕者が出た」という事実だった。

だが、同様の勧誘はどうやら全国で行われていたようだ。

２０２２年10月14日、消費者庁は日本アムウェイに対して6か月の一部取引停止命令を下した。


《日本経済新聞》日本アムウェイに6カ月の一部取引停止命令　消費者庁

消費者庁は14日、健康食品など日用品を販売する「日本アムウェイ」（東京・渋谷）に対し、商品の購入を強要するといった勧誘活動が特定商取引法違反にあたるとして、一部取引停止命令を出したと発表した。期間は6カ月。同社への行政処分は初めて。

特商法に違反したと認定したのは、連鎖販売取引（マルチ商法）で、社名を明かさず勧誘したり、商品購入を断った消費者に何度も買うよう迫ったりするなどの行為。同庁は会社に対し、新規会員の勧誘行為や契約の締結など業務の一部を停止するよう命じた。現会員の商品購入などは可能となっている。

同庁によると、遅くとも2021年3月以降、マッチングアプリで知り合った消費者に対し、社名や会員勧誘の目的を告げず、化粧品の購入を強要したケースを確認した。このほか、22年1月には「女子会をしよう」などと食事に誘い、契約締結を促す目的を伏せて同社製の商品を手渡し、イベントへの参加を求める行為も確認。同年2月にも、会員に勧誘することを隠したまま交流を深め、突然「アムウェイをやってみないか」と誘う事例もあったという。

同庁によると、日本アムウェイに関して2019年度から21年度までに全国の消費生活センターに844件の相談が寄せられたという。22年度は9月15日時点までで109件だった。

日本アムウェイは1979年から営業を始めた。同社のホームページによると、2020年の売上高は約975億円。

（日本経済新聞　2022年10月14日）

さて、取引停止の処分を受けた日本アムウェイだったが、俺のもとにはその間もアムウェイに関する情報が続々と寄せられていた。

なんでも取引停止中にもかかわらず、一部の会員がマッチングアプリを通じて勧誘活動を続けているというのだ。

もしそうであれば、これは紛れもない〝違反行為〟だ。

俺は情報の真偽を確かめるために、アムウェイ会員が出没するというマッチングアプリに潜入してみることにした。

かずことの出会い

営業処分中の日本アムウェイの会員が、勧誘活動を行っている。

その噂の真相を確かめるため、俺はマッチングアプリでターゲットを探していた。

マルチ会員のアカウントは、簡単に見分けることができる。

以前も書いたが、ポイントは地味なプロフィール写真、そして、もうひとつのポイントが〝スポーツイベント〟という文言だ。

マルチの勧誘はスポーツイベントにかこつけて行われることが多い。週末に「野球をやりましょう」などと言ってグラウンドに誘い出す。

そこにいるのは、大半がマルチの会員。

そうしてターゲットを囲い込んで、勧誘するのだ。

「アウトドア好きです！」

「イベントやってます！」

「休日に社会人同士で集まっています」

などといった言葉は特に要注意だ。

そんなプロフィールには、男女を問わず気をつけてほしい。


さて、目を皿にしてプロフィール写真とPR欄を見ていくと、「これは！」と思う女性が見つかった。

かずこ、35歳。

プロフィールのトップ画面には体育館でバスケットボールをしている写真が使用されていた。自己紹介欄には「土日は野球をやっています」という一文。

これはかなり怪しい……。

俺もかつては高校球児で鳴らした男。野球なら少し腕に覚えがある。

さっそく、かずこにメッセージを送ってみた。

何度かメッセージをやりとりした結果、かずこは俺を週末に行われる野球イベントに誘ってきた。

場所は、茨城県取手市の某グラウンドだった。

取手駅に着き、かずこと待ち合わせる俺。

合流してグラウンドに向かって歩き出したが、突然、かずこが「用事があるなら、別日にした方が……」などといって、俺を帰らせようとする。

このまま帰らされては動画として成立しない。

カメラマンと合流したタイミングで、思い切って一発かますことにした。

「で、かずこさんはアムウェイやってんすか?」

「えっ、えっ、いやいや……」

動揺するかずこを尻目に、俺は畳みかける。

「俺を遠ざけようとしたのは、俺が『新宿109』のKENZOだからでしょ?」

「…………」

俺はかずこに、素直な気持ちで答えてほしかった。

しかし、無言を貫くかずこ。野球グラウンドが近づいてきた。

「アムウェイ、やってますよね？　あの野球はアムウェイの集まりですよね？　アムウェイって、青田買い行為は禁止なんですよ。ああやって、イベントを開いて勧誘することは禁止されていますよね？　しかも、いま行政処分中なのにやっていますよね？」

「いやいやいやいや……」

「人を欺いて、違法に勧誘する行為、しょっちゅうやっていますよね？　アムウェイの規範から逸脱しているんですよ。アムウェイってコンプライアンス厳しく徹底していますよね？　勧誘目的を告げずに、あたかも野球サークルですと装っておいて勧誘する行為は、困る人がいっぱいいると思うんですけど」

「やったことないんで……」

かずこはあくまでシラを切り続ける。

「もうちょっとして休憩の時間に入ったらさ、俺向こう行って、アムウェイですよねって突撃してもいい？　かずこさんがアムウェイ会員じゃないんなら、アムウェイの会員向けサイトのログイン画面を見せてくれればそれでいいんですよ」

「いやいや……」

グラウンドには、揃いのユニフォームを着た参加者が集まっていた。

見学者だろうか、私服姿の男女も合わせると30人はいるだろう。

あの大人数を相手に、単身でどうやって突撃するのか。

はっきりいって何のプランもない。

完全な出たとこ勝負だ。

かずことの押し問答が続く中、俺は意を決して突撃を敢行することにした。

「警察呼びます？　いいですよ、警察と一緒にＷＢＣしましょうか。先に呼んどいていいよ」

俺はかずこの元を離れて、グラウンドに向かって歩みを進めた。

その瞬間、ものすごい勢いで後ろに引っ張られた。

振り返ると、かずこが必死の形相で俺の腕を掴んでいる。

力強かった。あまりの力強さに自然と笑みがこぼれる。

「かずこさん野球しましょうよ！　いまＷＢＣの開催中だからアツいんですよ！　キャッ

チボールしましょうよ！」

かずこは俺をグラウンドに行かせまいとして、腕を掴んだり、上着を引っ張ったり、相撲の押し出しのような恰好で通せんぼをしたりしてきた。

それをかわして、野球場に向かって走り出す俺。

追いかけるかずこ。

動画を撮りにきただけなのに、俺はなぜ春の河川敷で女の子と追いかけっこをしているのだろうか。

シェアハウスでの共同生活

そんなのどかな雰囲気も、アムウェイ会員がうようよいる野球場に着くと一変する。

「代表の人いますか？　話通じる人！」

「どうしたんですか？」

俺の呼びかけに応じて、ユニフォーム姿の若い男がやってきた。

「僕は今日、かずこさんにマッチングアプリで、野球イベントがあると誘われたんですよ。いま行政処分中なんですよ、アムウェイは。この青田買い行為は、行政処分中のアムウェイの規約違反になるんですよ」

「…………」

「上の人を呼んでくれたら話しするんですけど……」

「…………」

黙ってしまうモブ会員。すると遠くからひとりの男が怒鳴りながら近づいてきた。

「おい！　何撮ってんだよ。何勝手に撮ってんだよ！　許可は⁉」

体当たりしながら迫ってきたのは、このグループ——通称〝柏アムウェイ〟のリーダー・Mという男だ。

アムウェイの会員の中には、一軒のアパートやシェアハウスなどに集まり、共同生活を送る者がいる。シェアハウスなどに住むことによって固定費の家賃を浮かせ、その分、商品を購入させようというのだろう。

そうした会員たちが住むアパートやシェアハウスは、アムウェイ・ウォッチャーの間では〝アムウェイ・ハウス〟と呼ばれている。

「アムウェイ・ハウス」は数多くある。

たとえば、都内だと三軒茶屋や経堂、豪徳寺……。神奈川県なら川崎、千葉県は柏……。日本アムウェイの本社は渋谷にあるので、比較的アクセスしやすい場所を選んで作られているようだ。


情報によると、Mがリーダーを務める柏アムウェイは、野球などのスポーツイベントのほか、彼らが拠点にする柏市内のアパートで唐揚げパーティーなど開催して勧誘しているらしい。実際、俺は彼らが住むアパートにも突撃したが、ゴミ捨て場などにアムウェイ製品の箱が捨てられているのを確認した。ちなみに、かずこもMたちとともに、その柏市内のアパートで暮らしている。

ビジネスのためにプライバシーを捨てて、共同生活を送る会員たち。そこに業の深さを感じるのは、俺だけではないだろう。


さて、話を戻そう。

突撃してきた俺に、Mはすさまじい形相で向かってきた。顔を押し付けんばかりに近づけてきて、こちらを威圧してくる。

「許可？　取ってないよ……ちょ、口が臭いからさすがに距離保って！　暴行しないで！

アムウェイの構成員でしょ？」

「わかったわかった……誰これ？　誰が連れてきたの？　ちょっとこっちこいよ……ったく、楽しく野球やってるんだからさあ」

Mはベンチに座り、不機嫌な表情でタバコを吸い始めた。

「焦ってんのか？　キャッチボールしようよ！　キャッチボール」

そう声をかけると、Mはめんどくさそうにグローブを持って立ち上がった。


バシッという軽快な音とともに、心地よい刺激が手のひらを走る。

さすがは毎週のように野球をやっているだけあって、Mはいい球を投げる。

突撃する者とされる者の不思議なキャッチボールは、その後、会員の通報を受けた警察官が駆けつけるまで20球くらい続いた。

かずことの追いかけっこから、Mとのキャッチボールという流れは視聴者に好評で、多くの方に見てもらうことができた。いろいろな意味で、手応えを得ることができた突撃だった。

沼にハマる会員たち

柏アムウェイの場合は草野球だったが、他のグループではマンションの一室のＢＡＲだったり、ホームパーティーだったりと、勧誘の方法はさまざまだ。

そのうちのひとつに突撃してみたことがある。

ゆとりモンスターズとのコラボ動画として公開している、

「【後編】アムウェイの花見パーティに参加して不正行為を注意してみた！！」

という名前の動画がそれだ。

このとき突撃したグループは、アットホームな雰囲気の花見イベントを開催し、その場でコミュニティの居心地の良さをアピールし、頃合いを見て勧誘するという流れだった。

活発に活動しているグループだと、そのうちシェアハウスへの引っ越しを勧められ、そこからはビジネス一色の生活が始まることになる。共同生活は外部からの情報を遮断できるため、何かと都合がいい。このあたりの会員を洗脳する方法は、後述する『事業家集《じぎょうかしゅう》団《だん》・環境《かんきょう》』とも類似性が高いといえるかもしれない。

閉ざされた空間で生活していると、自分が被害に遭っていること自体に気がつきにくい。搾取されているのに、グループの中で暮らしていると居心地よく感じて、どうしても抜け出せないのだ。

かずこも会員になってから5年の月日が経っていた。彼女はこのまま一生、アムウェイの会員として生きていくのだろうか。

先に書いた通り、日本アムウェイ自体は法律を守って活動している。コンプライアンスを破る会員には厳正に対処するというので、しつこい勧誘などを受けたら、本社に通報するのも手だ。アムウェイの収益で生活している会員にとって、何よりも避けたいのが、その収入源を断たれること。本社からの強制解約が最も怖いのだ。

2023年7月には、日本アムウェイの会員である2人の男が窃盗の容疑で逮捕された。

2人のうち1人は〝ファウンダーズ・エメラルド〟と呼ばれる日本アムウェイの上級会員だった。

2人が盗んだのは、ブランドバッグや高級ワインで、被害総額は1300万円に及ぶという。逮捕時には盗んだ商品は売却されていて、男は調べに対し「ネットワークビジネスの資金繰りに困っていた」と語った。

〝ファウンダース・エメラルド〟の推定年収は1500万円といわれている。それだけの金を稼いでいるはずの上級会員が資金繰りに困って窃盗を働く。

にわかには信じがたい話だが、注目したいのは報道の翌日に逮捕者2名を強制解約した日本アムウェイ本社の迅速な対応だ。

当たり前と言えば当たり前だが、問題を起こせば会員ではいられなくなる。日本アムウェイに生殺与奪権を握られている、会員の姿が浮き彫りになった事件だといえるだろう。

行政処分に見る勧誘活動における禁止行為

俺がアムウェイへの突撃を本格化させる契機となった、2022年10月13日付の消費者庁による6か月間の行政処分。

その背後には、消費者庁への消費者からの多数の相談があったわけだが、改めてどのような事案があったのか、行政処分の内容とともに見ておこう。

(1) 氏名等の明示義務に違反する行為(統括者の名称及び勧誘目的の不明示)

勧誘の際に会社の名称や特定負担がある取引であるということ、そして氏名などを相手に伝えなければならないのだが、これをやっていなかった。

(2) 勧誘目的を告げずに誘引した者に対する公衆の出入りしない場所における勧誘

公衆の出入りのない場所(マンションの一室など)で勧誘する場合は、勧誘目的であることを事前に相手方へ伝えないといけないのだが、この過程を怠っていた。

(3) 迷惑勧誘

被害者側が勧誘に対し、契約しないことを伝えたのにもかかわらず、引き続き食い下

がって勧誘した。断っている相手に対して、

「なんで契約しないの？」

などと威圧的に迫ったり、

「絶対契約したほうがいいよ！」

と念押しするような行為は迷惑勧誘にあたる。

（4）概要書面の交付義務に違反する行為

アムウェイは基本的に契約書面と概要書面を用意したうえで契約を行っているはずなのだが、概要書面を交付せずに勧誘を行ったため、違反となった。

以上、4つの違反行為をともなう複数の事例が発覚したことにより、アムウェイは行政処分を受けた。

これはアムウェイにとって初のことであり、連鎖販売取引業の最大手が処分を受けたということの重みは非常に大きいものがある。大手だろうと、慈善事業を行っている組織だろうと、違反があれば処分を下すという消費者庁の姿勢には賛同できる。今後、悪徳業者

に対する取り締まりが、より強化されることを期待したい。

行政処分が解かれた2023年4月14日、日本アムウェイは業務改善策として7つの施策を発表した。

この中に「マッチングアプリでの勧誘禁止」という項目が盛り込まれている。マッチングアプリを経由して知り合った人間を勧誘したら、その会員は即アウトということだ。

もしこのような場面に遭遇した場合は、消費生活センターやアムウェイ本社に報告しよう。その一報が、少なからず違法勧誘の減少につながるはずだ。

マルチ組織には、一度に数十万から数百万を出資させ、頃合いを見て組織ごと飛ぶ〝ポンジスキーム〟を使う組織から、ゆるやかにコミュニティに引き入れ、5万、10万といった金額を長い期間搾り取っていく組織まで、さまざまなケースがある。

だが、いくら形が違っても特定商取引法によって規制を受けるという点は同じだ。

怪しい場面に出くわしても、

「この勧誘って、ダメなやつじゃなかったっけ……」

と気づくことができれば、それを根拠に断ることができる。

法律を違反してまで勧誘してくる人間に、相手のことを本当に考えている人間なんているはずもない。詐欺に遭わないための心得については後ほど解説するが、どうかそのことを頭の片隅に留めておいてほしい。

チャンネルを飛躍させた『マーケットピーク』

俺はこれまで様々な団体に突撃をしてきた。

その中でもっとも社会的な反響が大きかったのが、『マーケットピーク』だ。動画の視聴回数もさることながら、地上波テレビの報道番組への出演も含めて、最も世の中に注意喚起することができた。

本書のプロローグでも述べた通り、組織の前身である『ジュビリーエース』は2020年10月、ひとりの女性を自殺に追い込んでいる。彼女のお母さんとやりとりをさせていただいたこともあったので、なんとしてもダメージを与えたいと思っていた。

『ジュビリーエース』から『マーケットピーク』へと名前を変えただけで、幹部たちはほとんど同じようなことをやって人を騙し続けていた。亡くなった女性のためにも、なんとか一矢報いたい。そんな気持ちだったのだ。

『マーケットピーク』が扱う商材は、仮想通貨に関する金融教育と独自通貨の販売だ。仮想通貨は近年登場したばかりということもあり、人々の理解が追い付いていないところがある。理解が追い付いていないということは、それだけ騙しの余地があるということだ。その点から仮想通貨は悪徳マルチの恰好の商材になっているのだ。

意外に思う人もいるかもしれないが、仮想通貨は手順さえ知ってしまえば10分くらいで誰でも発行することができる。勘違いしている人もいるかもしれないが、仮想通貨は現物の通貨のように国のお墨付きを得ているわけではない。また、購入する人がいれば価値が上昇するため、価格操作も簡単にできてしまう。詐欺の道具にはうってつけなのだ。

ビットコインやイーサリアムといった、実際に価格が大幅に上昇している仮想通貨の存在も根拠に使われる。２００９年のビットコインの価格は、約０・０７円。それが２０２４年2月末には円安効果もあって９００万円を突破しているという事実が、勧誘の材料に使われるのだ。

仮想通貨を使った悪徳マルチでは、こんな感じのセールストークが繰り広げられる。

「ビットコインのことはご存じですか？　この15年で何千万倍もの価値を持つようになりました。『マーケットピーク』が発行している仮想通貨PEAKDEFI（ＰＥＡＫ）も、これからどんどん価値が上昇していきます。すでにヨーロッパには13万人のＰＥＡＫ保有者がおり、日本でも上場会社の役員や起業家から注目を集めています。いま会員になれば、出資額に応じて毎月ＰＥＡＫが付与されるので、早めに会員になることをお勧めしているんです。いま会員になれば、人を紹介しなくても稼げるんですよ」

このような仮想通貨を扱う勧誘を受けた場合は、まず疑ってかかるべきだ。

２０１７年末のビットコインバブル以前に販売された仮想通貨の中には、たしかに相場全体の動きの中で価格が上昇したものもある。

しかし、現在、そのほとんどが価値を大幅に失っている。なかには世界中で多くの被害者を生んだことから、「詐欺コイン」「スキャム（＝詐欺）」などと呼ばれているものすらある。自分自身で目利きできないのであれば、仮想通貨に手を出すのは危険だ。少なくとも勧誘を鵜呑みにすべきではない。

そして、『マーケットピーク』の勧誘はこのように続く。

「マルチやねずみ講とは違って、『マーケットピーク』には〝アフィリエイトボーナス〟と呼ばれるものがあります。似ているから勘違いされちゃうんですけどね。例えば、あなたが紹介したAさんが100万円出資してくれたら、商品を広めてくれてありがとう、という意味で8％のボーナス。紹介しただけで8万円です。さらにAさんが紹介してくれたBさんが100万円出資してくれたら、あなたに2％のボーナス。あなたはまったく手を動かさずに、2万円もらえるのです。さらに、紹介した方の出資総額100万円を達成すると追加ボーナスがあって……」

「アフィリエイト」といってマルチ商法ではないことをアピールするが、このビジネスモデルはれっきとしたマルチ商法だ。しかも、この勧誘の場では書面の提示もされなければ、日本国内で仮想通貨を扱っていながら金融庁への登録もないのである。

このようにして集められた被害額は7億円を超える。

最初のうちは集めた金を配当金として会員に還元するが、ある程度のタイミングで運営もろとも雲隠れしてしまうのが、仮想通貨における〝ポンジスキーム〟の流れだ。出資者の手元には価値の下がった仮想通貨しか残らずに、泣き寝入りするハメになってしまうのである。

『マーケットピーク』に突撃

『マーケットピーク』の動向を探っているなか、InstagramのＤＭに有力な情報が寄せられた。『マーケットピーク』が活動のメインにしている大阪で、誰でも参加することができる大規模なセミナーを開催するというのだ。

この機会を逃すわけにはいかない。俺は大阪へと向かうことにした。

会場は梅田にある立派なホテルの会議室だった。

１０００円の入場料を支払い、会場に潜入する。

中に入ると、かなり広い。参加者は１００人はいるだろうか。これほど大規模なセミナーには、なかなかお目にかかれない。

突撃するのは、説明がすべて終わった後の、質疑応答のタイミングと決めていた。セミナーを途中で止めると、威力業務妨害などに問われる可能性がある。

「何か質問がある方、いらっしゃいますか？」

などと呑気に聞いてきたときが勝負だ。

セミナーはダラダラと続いた。俺は話を聞くふりをしながら、いつでも突撃できるよう、カバンの中でカメラをスタンバイしながらじっと待ち続けた。

心臓が高鳴り、緊張で喉が渇いてきた。

そのとき、会場全体で盛大な拍手が起きた。セミナーが終わったのだ。いまだ。このタイミングを逃すと、参加者たちが席を立ってしまう。

俺は自分を鼓舞するように勢いをつけて立ち上がると、大声を上げた。

「これネットワークビジネスだけどさ、契約書・概要書面の交付、していますか？　していなかったら特商法違反！」

会場にいた全員が俺を見た。冷たい視線が一斉に浴びせられる。過去に感じたことのない、とてつもないアウェイ感だ。

だが、俺はひるまずに畳み掛ける。

「坂本さん、俺質問しただけやろ？ 金融庁の登録はされていますか、暗号通貨事業として。イエスかノーか、答えるだけやん！」

坂本は、何ひとつまともに答えられない。

運営サイドが何もできないのを見て、参加者たちが不安げな表情で会場を後にする。

俺は勝利を確信した。

突撃は大成功に終わったのだ。

突撃動画を寝かせ続けたワケ

俺は『マーケットピーク』に突撃した後、動画をすぐに公開せず、他のマルチ組織への突撃と並行しながら周辺取材を続けていた。

突撃したそばから動画を公開しているだけでは能がない。今回撮影した動画は、やがて訪れるであろう坂本たちの逮捕に合わせ、世間の注目が集まっているところで公開する、という狙いがあった。

情報収集を続けていたら、さまざまな話が耳に入ってきた。

これは後になってわかったことだが、連中が根城にしていたタワーマンションの管理人は、禁止していたラウンジでの勧誘行為を目撃し、たびたび注意していたそうだ。チャラチャラした若者がマンション内でマルチの勧誘をしていたとなれば、タワマンの資産価値もガタ落ちだ。他の入居者はさぞかし迷惑していたことだろう。

『マーケットピーク』の会員は、事前に投資の話はせず、展示会や飲み会などの名目でターゲットを誘い出し、当日、急に投資案件を持ちかけるという「ブラインド勧誘」をよく採用していたようだ。

また一方で、北新地の高級寿司屋では大将が、

「ああ、そういえば仮想通貨の話をしていた若いお客さんがよくきていましたよ。コロナ禍の時期だったからウチとしては助かったけど……。若いのに金払いがいいなと思ったら、

そういうことでしたか」

なんて話してくれたこともあった。

騙しとった金でいい気になって寿司を食うとは、虫酸が走った。

『マーケットピーク』に関するタレコミ情報も続々と寄せられていた。

驚くことに『マーケットピーク』の会員の中には、正常な判断能力を持たない、知的障がい者まで勧誘する者がいたという。また、高校生を勧誘して60万円もの大金を支払わせたケースもあった。この件に関しては、その高校生のご両親から直接相談を受けているので間違いない。彼らは知的障碍者や高校生が会員になったとしても、稼げるはずがないことを分かっていたはずだ。でも、それでも勧誘した。

「こいつを勧誘すれば、○万円が手に入る……」

独りよがりの、目先の利益しか考えない。そんな会員たちの卑しい心情が透けて見えてくるようだ。

2023年5月、俺はそのときがくるのを静かに待っていた。

もうすぐ『マーケットピーク』の幹部たちが逮捕される。そんな情報が、協力者から寄せられていたからだ。

俺はゴールデンウィーク明けに放送するという、テレビのニュース番組の取材も受けていた。テレビが動いているということは、逮捕はかなり近いはずだ。

だが、俺が出演した番組はゴールデンウィークが明けても放送されなかった。

「逮捕は流れたのか」

そう思い始めていた矢先、先日取材を受けたテレビ局から再び取材要請があった。

「そろそろだ」

俺は直感した。

ニュース番組の放送時間に合わせて、突撃動画の投稿予約をセットする。

そして2023年5月24日、ついに『マーケットピーク』の幹部が逮捕されたのだ。


《朝日新聞》暗号資産への投資を違法勧誘容疑、7億円超か　大学生含む9人を逮捕

他人に紹介すれば報酬が得られるとうたうマルチ商法の手法で、暗号資産（仮想通貨）への投資を違法に勧誘したとして、大阪府警は24日、特定商取引法違反（不実の告知など）の疑いで男女9人を逮捕し、発表した。府警は認否を明らかにしていない。

府警によると、9人はアラブ首長国連邦のドバイに拠点があるとされる「マーケットピーク」が扱う仮想通貨への投資を勧誘。20代の若者を中心に2515人から約7億7500万円を集めていたと府警はみている。

生活経済課によると、逮捕されたのは、東京都港区の無職坂本昂洋（33）▽大阪市中央区の無職脇田健史（28）▽同市北区の無職丸田勇剛（23）――の各容疑者や大学生3人を含む計9人。

昨年6〜9月、当時大学生の男女3人に対し、大阪市内などで「解約できない」などとうその説明をし、契約書なども交付せず、マーケットピークへの投資を勧誘した疑いがある。9人は勧誘の際、他人に紹介すれば出資金の8%、その人がさらに別の人に紹介すれば2%の「紹介報酬」がそれぞれもらえるなどと説明していたという。

（朝日新聞、2023年5月24日）


逮捕の一報に合わせ、取材を受けたテレビ番組が放映された。

番組の中で、俺はこんな風にコメントした。

「借金をさせるようなビジネスというのは……経済的な殺人行為だと思っていて。この世にあってはならないお金稼ぎだと思っています」

俺のような、グレーゾーンで勝負している何の後ろ盾もない人間を取り上げてくれたABCテレビさんには、本当に感謝している。

報われた瞬間

設定した予約時刻になり、俺の動画「【さっき逮捕】マーケットピークの親玉に突撃して奥歯ガタガタ言わせてみたwww」も公開された。

この時ばかりは、このタイミングで公開されたら「絶対にウケる」という確信があった。

突撃動画をほぼノーカット、約1時間の長尺で投稿したのは、社会経験の乏しい若者を陥れるマルチ組織の全容を広く知ってほしい思いと、このタイミングであればたとえ長時間の動画であっても観てくれるだろうという、視聴者に対する期待があったからだ。

動画が公開された後の反応を受けて、これまで感じたことのない感情が俺の全身を駆け巡った。

視聴回数のカウンターがすさまじいスピードで増えていく。

YouTube、X、LINE……SNSの通知が鳴りやまない。

想像していた以上の反響だった。


俺は少し、泣きそうになった。

YouTubeに動画を投稿し始めてから、3年以上の月日が流れていた。会社を辞め、お金もなく、命の危険を感じる想いもしながら、なんとか自分を奮い立たせてここまでやってきたのだった。

無名のYouTuberは孤独だ。活動をサポートしてくれる人はいない。企画を考え、情報収集をし、詐欺集団を追及する根拠を勉強し、招かれざる客として相手の懐に飛び込み、動画を撮影し、編集して公開する。TwitterやInstagramでPRしながら、被害者に向き合いつつ、それらを1人でやってきたのだ。

だが、そうやって作った動画を見た人たちが好意的なコメントをくれた。

批判的なコメントがつくことが多い〝ヤフコメ〟も、俺に賛同する意見ばかりだった。

大勢の人たちが、俺の活動を応援してくれている。

その事実が何よりうれしかった。

この動画の影響で、チャンネル登録者は一気に30万人も増加した。

大阪に行くと、

「KENZOさんですよね!」

と声をかけられる機会が多いのは、やはり『マーケットピーク』への突撃動画を契機に俺のことを知ってくれた人が多いからだろう。ちなみに大阪府警の方々にもよく声をかけられる。


世間の大きな注目を集めた『マーケットピーク』の逮捕劇だったが、個人的には残念な結果に終わってしまった。

坂本昂洋をはじめ、逮捕された9人全員が軽い処分で終わってしまったのだ。

被害額7億円超。

被害者数約2000人。

『ジュビリーエース』時代にも多くの被害者を出していたにもかかわらず、しっかりと罪に問えない日本の司法に、俺は憤っている。

多くの人々を巻き込み、騙し、命さえ奪った坂本たちが罰せられなければ、いったい誰を罰するというのだろうか。

ちなみに『マーケットピーク』は、2024年2月頃から『Chainclass（チェインクラス）』に名称を変更して活動中との情報がある。この名前の組織に誘われたら、注意していただきたい。

【第四章】
突撃、そして突撃

そもそも、「マルチ商法」って何？

これまで多くの悪質組織に突撃してきたが、その大半は「マルチ商法」によって多くの被害者を生み出してきたという共通点がある。

「マルチ商法」という言葉自体は、読者のみなさんも一度は聞いたことがあるだろうが、具体的にどのようなものなのか、説明できるだろうか。

本章ではこれまで突撃してきたエピソードの中から印象に残っている組織を取り上げて紹介していくが、その前に本書にたびたび登場する「マルチ商法」とはどのようなものなのか。アムウェイの項目でも説明したが、今一度、整理しておこう。


マルチ商法は、日本の特定商取引法において、「連鎖販売取引」という名前で定義づけられたビジネスだ。「マルチ商法＝連鎖販売取引」と思ってもらって構わない。

規制が始まったのは１９７６年（昭和51年）。今から約50年前の話だ。いかに早くから問題視されていたか、ということがわかるだろう。
第三章にも載せたが、重要なのでもう一度書かせていただく。
法律上は、以下の条件をすべて満たす販売取引が連鎖販売取引とされている。

一、物品の販売（または役務の提供等）の事業であって
二、再販売、受託販売もしくは販売のあっせん（または役務の提供、もしくはそのあっせん）をする者を
三、特定利益（紹介料や販売マージン、ボーナス等）が得られると誘引し
四、特定負担（入会金、商品購入費、研修費等の名目で、何らかの金銭的な負担）を伴う取引（取引条件の変更を含む）をするもの

これだけではあまりイメージが湧かないと思うので、具体例を挙げて説明しよう。
たとえば、Aさんという人が商品を購入して、あるマルチの会員になったとする。
商品はなんでもいい。化粧品でも、健康食品でも、仮想通貨でも、オンラインカジノの会員権でも、その時代の消費者を騙しやすいものであればなんでもよいのだ。

支払った商品代のもとを取るには、新たにBさんやCさんに商品を買わせて、勧誘し、紹介料をもらうしかない。

この条件は、BさんやCさんも同じだから、やはりこの2人ももとを取ろうと思えば、誰かに商品を買ってもらって、会員にし、紹介料をもらうしかない。友人だったり、家族だったり、最近ではSNSで募集をかけたり、マッチングアプリで勧誘するなどして、自分の利益のために周囲の人間を会員にするのだ。

極論をいえば、マルチ商法に関わる人はその商材自体に魅力を感じて活動しているわけではない。本当にその商材に魅力があるなら、こんな手法を取らなくても売れるし、評判が高まるのが自然だ。結局はお金のために、会員になってくれる人を探しているのである。

悪質なマルチ商法の場合、商材はとくに取るに足らないものであることが多い。

にもかかわらず、

「限られた人にしか情報が回ってこないものだから、あなたはすごくラッキーだ」

「すぐに始められて、あなたも大儲けができる」

「いわないだけで、賢い人はみんなやっている」

「あのインスタグラマーも、実は使っている」


などといって売りつけ、組織に引き入れるのだ。

だが、そんな商材を買ってくれる人など、そう簡単には見つからない。

普通に考えれば、胡散臭すぎるし、料金や会員料も高すぎるからだ。

甘い言葉に乗せられて会員になっても、そう簡単に稼げないことがわかると、勧誘方法はだんだん強引になる。いっそ騙してでも勧誘しよう、ということにもなる。

ターゲットを密室に連れ込んで勧誘したり、消費者金融で借金をさせてまで会員にさせる、といったケースがそれだ。


商材自体に魅力がない、強引な勧誘をしないと稼げないとなると、マルチの会員はなかなか増えていかない。たとえ強引な勧誘で成果を挙げたとしても、罪悪感は残る。違法行為から身を引きたいと考える者も出てくるはずだ。

そこでマルチの本部は会員に対する求心力を高めるために、大掛かりな仕掛けを用意する。盛大なパーティーであったり、セミナーだったり、こじんまりとした交流会であったり、形式はさまざまだが、会員をその気にさせる仕掛けを定期的に用意して、会員の離脱を防ぎ、勧誘に前向きになるように組織ぐるみで仕組むのだ。

それはたとえば、こんな感じで行われる。

Aさんが詳しいことを説明せずに、BさんやCさんをパーティー会場に連れて行く。

会場は、高級ホテルの宴会場。料理なんかも高そうなものが用意されている。

雰囲気に飲まれたBさんとCさんは、

「うわ、なんだかすごいな……」

などと感心してしまう。

パーティーのメインを飾るのは講演会だ。

そのビジネスで大金を手にしたという人物が、自分の成功体験を言葉を尽くして語る。

俺のセミナーへの突撃動画を観たことがある方なら、なんとなくわかっていただけるのではないだろうか。

BさんとCさんの周囲には、熱心に耳を傾ける会員たちがいて、講演が終われば盛大な

拍手が鳴り響く。Ｂさんと C さんは聴衆の反応（ほとんどの場合が〝やらせ〟）を見て、

「やっぱりこのビジネスってすごいんだな！」

「一生懸命がんばって、〇〇さんみたいに稼ごう！」

なーんて思ってしまうのだ。


わかりやすく豪華なパーティーを例に挙げたが、本書の冒頭で紹介した『マーケットピーク』のセミナーのような形でも、毒牙にかかった会員をその気にさせるには一定の効果を発揮する。


想像してみてほしい。

20歳そこそこの社会経験のない大学生が、大都市のホテルの会議室に行くと、なんだか成功者然としたヤツが壇上に上がって、偉そうにスピーチを始めたら……。

高齢者をターゲットにした組織の場合も同様だ。

普段足を運ぶ機会のない都会の雰囲気に飲まれ、耳ざわりのいいことを並べ立てられたら、信用してしまう心理が想像できないだろうか。

あまり活動的でなかったり、普段は慎ましい生活をしている人にとって、都会へ出かけ

たり、集団の中に入ったり、儲け話を聞かされるということ自体が刺激になる。場慣れしていない人々は、このような心理的作用を上手く操られることで、マルチ会員にさせられてしまうのだ。

そして、パーティーやセミナー終了後には、タワマンの一室での飲み会や近くのカフェでのお茶会など、くだけた雰囲気の懇親会も用意されている。

BさんとCさんは、そこで大勢の仲間に会う。自分たちと同じ末端の会員たち。なんだかみんないい人だし、これほど多くの人がやっているなら、と2人は安心する。他の人たちのように、もっと自分たちもがんばらなければとも思う。

ここまでくれば、勧誘者のAさんとしては一丁上がりといった感じだ。

こういった仕掛けが定期的に行われ、一種の集団催眠のようなものが作用することで、会員の組織への帰属意識は高まっていく。そして、会員たちが沼にハマればハマるほど、マルチ組織の収益も増えていく。

さて、その後のBさん、Cさんについても触れておこう。

すっかり洗脳されてしまったBさんとCさんは、必死で組織のために働いた。

その結果、待っていたのは、若さの浪費だ。2人は人生において一番輝けるはずの、貴重な若い時間をマルチの活動で使い果たしてしまった。友人たちも興味のないものをひたすら勧誘されるのを嫌がって、みんな去っていった。生活も一向に楽にならない。あれだけ稼げる、成功できると言われたのに、いまだにひもじい暮らしを続けている。

今後、BさんとCさんは結婚して子どもができたとして、はたしてわが子に胸を張って自分の仕事のことを話せるだろうか。

マルチをやるということは、そういう悲惨な未来が待っているということなのだ。

悪徳マルチ、規制の現状

詐欺師が情報弱者を食い物にする。

そうしたピラミッド型の構造が野放しになるわけもなく、相次ぐ消費者からの苦情や問い合わせによって、2004年の特定商取引法改正により、次のような規制が設けられた。

・契約締結前や契約締結時の書面交付の義務付け

消費者にとって不利益な契約を結ばないよう、契約する前に、代表者の氏名や会社の住所、商品の内容などを細かく記した「概要書面」を渡し、契約時には契約の内容を細かく書いた「契約書面」を渡さなければならない。

書面はただ交付すればいいわけではなく、よく読んでおくべき重要事項を赤枠の中に赤字で記載する、書面の文字を極端に小さくしてはならないなど、細かな取り決めがされている。2023年の法改正によって、事前に相手方の承諾を得ていれば、電子交付が可能となった。

・広告への一定事項の表示の義務付けや誇大広告の禁止

役務の内容などについて、「著しく事実に相違する表示」や「実際のものよりも著しく優良であり、若しくは有利であると人を誤認させるような表示」は禁止されている。例えば、投資であれば「絶対に儲かる！」というような記載や、健康食品なのに「○○が治った実績があります！」などといった記載がこれにあたる。

・不当な勧誘行為（不実告知、威迫困惑行為等）の禁止

勧誘を成功させるために、大げさに話を盛って客観的事実と異なる説明をすること、また、消費者が帰りたいと告げているのに、引き留めて勧誘を続けることなどが禁止されている。

・20日間のクーリング・オフ（一般の訪問販売は8日間）

いったん契約の申し込みや契約の締結をした場合でも、契約を再考できるようにし、一定の期間であれば無条件で契約の申し込みを撤回したり、契約を解除したりできるクーリング・オフ制度。特に契約内容が複雑な連鎖販売取引は、一般的な訪問販売より長い期間が設けられている。

・中途解約権の付与

連鎖販売契約を結んで組織に入会した消費者は，クーリング・オフ期間を過ぎたあとも、理由を問わず、いつでも自由に契約を解除し、退会できるよう定められている。そのようにして退会した消費者は、以下の条件をすべて満たせば、商品の売買契約も解除することができる。

ア、入会後1年を経過していないこと
イ、商品の引渡しを受けた日から起算して90日を経過していないこと
ウ、商品を再販売していないこと
エ、商品を使用または消費していないこと（商品を販売した者が使用又は消費させた場合を除く）
オ、自らの責任で商品を減失、またはき損していないこと

なお、商品を返品する時の解約料の上限は、返品する商品価格の10%以内となっている。

俺がセミナーに乗り込んで「特商法違反！」といっているのは、この規制事項を守っていないことを根拠にしている。悪徳マルチ組織の場合、この規制を真面目に守っていると勧誘に不都合が生じる。そのため、実質的には守っていない組織がほとんどだ。法律を守らず、被害者が続出しているから、実際に逮捕者も生まれている。

しかしながら、罰則が緩いために逮捕されることを覚悟で悪事に手を染めている人間が後を絶たないのが現状なのだ。

それでは悪徳マルチ集団には、どのようなものがあるのか。

ここからは俺が突撃をしてきた中で、とくに印象に残っている組織を紹介していこう。

多くの被害者を生む悪徳集団『ＨＬＣ』

俺がもっとも数多く突撃してきたのが、『ＨＬＣ』だ。「ヒューマン・ライフ・クリエイティブ」とも呼ばれている。
『ＨＬＣ』は２０２３年12月ごろから本格的に活動を始めた組織だが、ここにくるまでに
『ＡＥアフィリエイト（アジアエンターテイメントアフィリエイト）』
↓『ＦＬＭ（フューチャリンクマルタ）』
↓『ＮＯＶＡアファフィリエイト（ノーヴァアファフィリエイト）』

↓『ＥＲＡ（イーラ）』『Ｄｉｖｉｎｅ（ディバイン）』
↓『ＨＬＣ（ヒューマン・ライフ・クリエイティブ）』

と何度も名前を変えている。


彼らはなぜ名前を変える必要があるのか？

一番の理由は、ＷＥＢやＳＮＳ上で悪名が知れ渡り、勧誘行為がしづらくなったことが理由だと思われる。実際、ネットで組織名を検索すると、行政処分を受けたり、幹部が逮捕されたといった記事がいくつも出てくる。

たとえば、『ＮＯＶＡアフィリエイト』時代には、２０２１年６月22日付けで、特定商取引法の計８項目の規定に違反、または該当するとして消費者庁より15か月の業務禁止命令を受けている。

また、『ＥＲＡ』時代には、２０２２年９月から11月にかけて、特定商取引法違反の容疑で幹部の伐渡《ばつと》アーマッド裕樹《ひろき》をはじめ、合計18名が大阪府警に逮捕されている。『ＥＲＡ』は逮捕までの直近の１年間で総額62億円を集めたというから、いかに広い範囲で被害者が生まれているのかがわかるだろう。

マルチ組織から一度に10名以上の逮捕者が出るケースはあまり聞いたことがない。逮捕された顔ぶれも、幹部から末端会員までと幅が広い。立場に関係なく逮捕したということは、大阪県警には悪徳マルチ組織に関わる危険性を周知する狙いがあったのではないか、と個人的にはにらんでいる。

大掛かりな逮捕劇があったことを受け、徐々に『ERA』『Divine』は壊滅していった。その残党が再び集結して始めたのが、『HLC』だ。

『HLC』が扱っているのは、スポーツベッティング（サッカーや野球など、スポーツの試合を対象にした賭博行為）に関連した副業プログラムだ。

登録料を支払い、「みんスポ」という海外のオンラインカジノに会員登録すると、アフィリエイトのリンクが支給される。それを通じて新規会員を獲得すると、アフィリエイト報酬が発生するという。

『HLC』は勧誘の場で「マルチ商法ではない」と強くアピールしているが、会員が商材（ここでは副業プログラム）の販売員となって、新たな会員（＝販売員）を作るという仕組みは、マルチ商法そのものだ。

『ＨＬＣ』は主に20代前半の若者をターゲットに活動している。

登録料は35万円と90万円の２種類があるが、手持ちがない場合は、消費者金融で借金をさせるといった事例も多数寄せられている。


俺は２０２４年から『ＨＬＣ』の勧誘現場に突撃を行っているが、『ＥＲＡ』よりも悪質になっているように感じている。

『ＨＬＣ』の会員たちは、広くマッチングアプリを使って勧誘している。

その際、勧誘の精度を上げるためか、ターゲットと疑似的な恋愛関係を築くことが多い。ようするにデート商法の手口を使っているのだ。

デート商法は恋愛感情を悪用し、契約を迫るというやり方だ。ターゲットに好意を抱かせることで、「この人に嫌われたくない」「いいところを見せたい」という思いを利用して、高額の契約を結ばせるのだ。

デート商法被害は、２０１９年６月の法改正により消費者契約法の対象になった。

具体的には、騙されたと気づいてから1年以内、なおかつ契約から5年以内であれば、消費者契約法を理由に契約を取り消すことができる。

だが、『HLC』の場合、クーリング・オフに応じない例も数多く確認されている。クーリング・オフに応じないのも、明らかな特定商取引法違反だ。

違法な勧誘、借金をさせての契約、そしてクーリングオフの拒否。三拍子揃った『HLC』は、絶対に関わってはいけない、きわめて危険な悪徳マルチ集団なのだ。

リーダー・堀良平への突撃

これまで『新宿109』には『HLC』に関連する様々な動画をアップしてきた。

その中でも特に印象に残っているのが、2022年10月に公開した、

「【神回】仲間の逮捕を知らずにパチンコ打ってる詐欺師に報告してみたwww」

という動画だ。

２０２２年９月20日、俺は大阪にいた。

この日、『ＥＲＡ』の幹部が警察に逮捕される。

そういう情報を得ていたからだ。

俺が逮捕されるとにらんだのは、『ＥＲＡ』の大阪のリーダーである、堀良平だった。

東京から高速バスに乗り、一路、大阪へ。

夜になるまで時間を潰し、北浜にある堀のマンションの前に張り込む。

予想では、警察は朝方、堀のマンションに突入。それに合わせてマスコミ各社も集結し、連行される堀にフラッシュを浴びせる……、そんなシーンを撮影できると思っていた。

しかし、待てど暮らせど、警察やマスコミはやってこない。そうこうしているうちに、夜が明けて朝になってしまった。

ひょっとしたら、堀は家にいないのではないか。

大阪まできて撮れ高ゼロというのは、さすがにツラすぎる。

諦めきれずにマンションの前で粘っていたら、ウーバーイーツの配達員がやってきた。

どの部屋にいくのか。注意深く手元を見守っていると見覚えのある部屋番号を押した。

堀の部屋である。やっぱり堀はいたのだ。

今のままでは逮捕の瞬間を撮影するのは難しそうだ。だが、せめて堀と接触できれば……。そんな俺の願いが天に通じたのだろうか。それからしばらくして、堀が現れた。逮捕情報があるというのに、とくに慌てたそぶりもない。

焦る気持ちを抑えて、堀のあとをつける。地下鉄に乗る堀。向かった先は、一軒のパチンコ店だった。

堀がスロットを打ち始めるのを確認し、スマホに目をやる。

すると『ＥＲＡ』の関係者が逮捕された、というニュース速報が流れてきた。

記事を見ると逮捕されたのは、伐渡アーマッド裕樹をはじめとする会員15名。この日に逮捕されたのは、大阪の堀ではなく、名古屋のリーダー・伐渡だったのだ。

さて、これからどうするか……。

考えた結果、堀に仲間が逮捕されたことを教えてやり、動揺させたところで、これまでの悪事を追及するという方向に舵を切ることにした。

堀は仲間が逮捕されたというのに、のんきにスロット台に向かっている。

さあ、現実を教えてやる時間だ。

俺はスマホに『ERA』幹部逮捕のニュースを表示させると、背後に回り込んで、堀の目の前に突きつけた。

「堀良平やな。見ろ、逮捕されたな！　とりあえず一回出ろや！　お前ガチだぞ！」

撮影されていることに気づいた堀は、鳩が豆鉄砲をくらったような顔をしている。

店内の休憩スペースに移動し、堀にニュース記事を確認させる。

「もっと自分で調べてみ？　お前も『ERA』だろ！」

俺は仲間が逮捕された事実を知れば、堀はうろたえるだろうと思っていた。

だが、堀は違った。やけに落ち着いているのだ。

「え……でも、きたよ警察。先月の末に」

スマホを返しながら平然という。

「ガサ入れ？」

「うん。きたから、俺も携帯渡してるし……。それより、なんでここにいるってわかったん？」

「だから……ずっと尾行していたんだよ、お前のことを」

「へぇ」

「お前がスロット長えからさあ、シビれ切らしてさあ！」

「ハッハッハ、やば（笑）」

大阪府警に電話をかけて、事情を説明する。

しかし、堀は焦らない。

むしろ、めんどくさそうに俺に接した。

「どうしたらいいいん？　俺、逮捕されてないやん」

「それが納得いかねえからこっちは凸ってんだよ！　人を騙して金稼いでいる自覚なかったのか？」

「うん」

「やばいぞそれは」

「もういい？」

ガサ入れにきた浪花警察署に電話をかける振りをしながら、俺を撒こうとする堀。ここで逃がしたら動画は成立しない。俺は軽口を叩きながら、堀を引き留めた。

「お前さ、ウーバーでマック頼んでただろ。お前なあ、トップがそんなんでいいんか？ もうちょぃいいい飯食えよ！」

「ええやん別に（笑）。もういい？」

「お前が家帰るまで俺はインタビューするよ、一日密着だもん」

「家帰るまで？ ヤバいって……ここらへんで一番近い警察どこ？」

「知るかお前！ スマホ一台で金稼いでるんだろう？ 人を騙して！ お前の一番得意なやつなんだから自分でスマホで調べろ！ 大人しく飲食店経営しとけよ！」

「わかったわかった……もう……」

俺は堀から謝罪の言葉を引き出すために、煽りまくった。

「被害者は１００万近く借金負わされて、しんどい思いしているんだよ」

「『ＥＲＡ』なくなったけど、お前どうよ」

「謝罪しろ！ 人を騙してごめんなさいだろ！」

「俺、逮捕される覚悟できてるからね！」

堀はタクシーを捕まえて、その場から立ち去ろうとした。

俺は逮捕覚悟で、食い下がった。

「俺が奢るから乗せろって！」

「いやいやいやいや、迷惑やから」

「警察呼べばいいじゃん！」

数分の押し問答の末、堀はついに根負けしたのか、タクシーに俺を同乗させた。

「えっと……北浜まで行ってほしいんですけど」

静かな車内。急激にテンションが下がり、自然と謝罪の言葉が口をついて出た。

「……すみません」

「こっちもなんか……ごめん」

「この気まずい雰囲気、どうしてくれんの？」

「……確かに……」

タクシーに乗る、乗らないの押し問答について謝罪し合う2人。

一番の被害者は、車の中でワーワーやられた運転手さんで、無関係なのに迷惑をかけてしまったことは申し訳なく思う。

しかし、こんな展開はこれまで突撃動画を撮ってきた中でも初めてのことだった。

タクシーの後部座席で隣り合わせに座りながら、俺たちは会話を続けた。

「パチンコ、いつもあそこ行っとんの？」

「いや、全然行かんけど……え、今日きたの？」

「きた。昨日の夜8時に梅田に着いてネカフェで時間潰して、3時半から張り込んどった」

「え？　俺を？　そうなん？　ハッハッハッハ……」

「また新しいビジネスやるんでしょ？」

「俺は全然知らん……」

「『ERA』潰れてどうすんの？　俺んとこ住む？　将来安泰」

「それめっちゃ安いからってことやろ？（笑）」

「底辺YouTuberやから（笑）」


思いがけず、フレンドリーな会話になってしまった。

別れ際、堀からこんな言葉が飛び出した。

「カメラ回さんのやったら……カフェとか行ってもいいけどね、普通に。正味、初めて会って、俺だいぶ仲良くなれそうやなって勝手に思ったから」

たしかに、俺も堀が『ＥＲＡ』の幹部でなければ、仲良くなれたかもしれないと思うところはあった。

詐欺集団には、直に接してみると、人当たりがよく、柔和で会話が弾むタイプの人間が多い。詐欺師は人を惹きつけることができなければ、成立しない稼業。とくにリーダー格の人間は、コミュニケーション能力が高いケースがある。

「堀って、案外面白そうなヤツだな」

一瞬、そう思ったが、俺はカフェの誘いを断った。

堀はタクシー代を出すといったが、それも受け取らなかった。

俺と堀は立場が違う。仲良くするわけにはいかない。

俺は詐欺師を追い、告発するYouTuberだ。その前提が崩れるようなことをしてしまえば、応援してくれている人たちに申し訳が立たない。八林のときのように取り込まれてしまう可能性も否定できないのだ。

やけに落ち着いた態度の堀だったが、この突撃から約２か月後の２０２２年11月に大阪府警に逮捕されている。先に逮捕された伐渡は、裁判で有罪が確定し、執行猶予付きの判決を受けたが、堀のその後は不明だ。

『ＥＲＡ』に対しては、被害者たちによる返金を求めた集団訴訟も始まっている。被害者たちの主張は認められるのか、裁判の推移を注意深く見守りたい。

『事業家集団・環境』

厳密にいえばマルチ商法に該当するかどうかは難しいところだが、関われば人生を無駄にするという意味で、『事業家集団・環境』にも触れておきたい。犯罪集団に序列をつけたくないが、俺が対峙してきた組織の中でも、ある意味で一番恐ろしい集団だ。

ここで用いる『事業家集団・環境』というのはあくまで通称であり、組織は正式な名称を持たずに活動している。ＳＮＳやＷＥＢ上で悪評が出回らないようにするための措置だろう。

関連会社についても、たとえば都市名をそのまま使うなど、特定しづらい名称を意図的に社名に採用している。そうした点からも〝普通じゃない〟ことがわかっていただけるのではないだろうか。

『事業家集団・環境』は、

「今より豊かになりたい」

と願う人々の心につけこみ、洗脳して、骨の髄までしゃぶりつくす。まるでカルトのような集団だ。

主な狩場となるのは、街頭だ。

繁華街や駅前などに2人組で出没し、道行く人に声をかけて回る。

「このへんで居酒屋を探しているんですけど……」

「○○というホールはどこですか?」

そんな一見自然に見えるが、わざわざ他人に聞くまでもない、調べればすぐにわかるような質問を投げかけてくる。中にはご当地ネタを面白おかしく扱った某人気バラエティー番組の取材を騙って声をかけるケースもあるようだ。

その質問に善意から答えると、何かと理由をつけて連絡先を交換しようとしてくる。

それから、あくまで一般人を装いながら、お茶などに誘い出す。そうしてコミュニケーションをとりながら、勧誘のタイミングを見計らうのだ。

ターゲットはその過程で、「立地のわりにリーズナブル」で、「やけに紹介者と店員の仲がいい」居酒屋に誘われることがある。

そこは『事業家集団・環境』の店だ。組織が運営しているから、人件費を抑えて安くすることができる。また、紹介者と店員の仲が良いのも、すべて組織の人間だからだ。

そういった交流が続く中で、徐々に

「あなたは将来どういう目標があるの？」

「今よりいい生活をしたいと思わない？」

などといった、向上心をくすぐるような質問を投げかけてくる。

そして十分強固な信頼関係を築けたと判断されると、そこで初めて

「キミも弟子入りしてみない？」

と〝師匠〟と呼ばれる幹部を紹介され、組織に誘われるのだ。

この間、約3か月。

通常の悪徳マルチ集団に比べると、〝仕込み〟の時間は格段に長い。

この間に得られたターゲットのデータは、すべてエクセルで細かく管理されている。

- 実家暮らし
- 恋人がいる
- 学生

などの属性がある人は、勧誘に適さないとして、途中でターゲットから外される。実家暮らしや恋人がいると、相談される可能性が高い。学生は単純に金がないからだ。

『事業家集団・環境』が狙うのは、

- 20～30代の社会人
- 向上心がある
- 起業したい
- いまの仕事に悩みや不満がある
- 将来に不安を感じている

・友人が少ない

これらの条件を満たす人間だ。

すべてを奪う恐怖の共同生活

弟子になったターゲットはその後、高収入を実現したという〝師匠〟の話などを聞かされて、徐々に洗脳されていく。

弟子の主な仕事は、商品の購入だ。「自己投資」などと称して、オーガニック製品や日用品など、月15万円分の商品を〝師匠〟から購入することが義務付けられている。その一方で、50名の人間を勧誘すれば、自分も〝師匠〟になれると持ちかけられる。〝師匠〟になれば、事業を立ち上げて豊かになれると誘うのだ。

弟子たちは毎月15万円の商品を師匠から買いつつ、ひたすら勧誘活動を繰り返す。

その日常は、悲惨だ。

毎朝6時に起床し、支度をして出社。17時に勤務が終わると、それから23時まで街頭に立って勧誘活動……。弟子たちに余暇を楽しむ暇はない。

そのうち、「職住接近」を理由に、寝るスペースしかないような狭いシェアハウスに引っ越しさせられ、『事業家集団・環境』の人間同士で共同生活をするようになる。シェアハウスではテレビやネットの視聴が制限される。これは余計な情報を得ないために予防線を張っているのだろう。また、残業がないことを理由に、人材派遣会社に転職させられる。そうして『事業家集団・環境』一色の生活を送るようになるのだ。

ちなみに引っ越し先のシェアハウスは、『事業家集団・環境』の関連会社の持ち物だったり、〝師匠〟が家主だったりする。人材派遣会社も『事業家集団・環境』の関連企業だ。

弟子は商品の購入だけでなく、家賃や労働力といった面からも搾取され続けるのである。

月15万円の商品購入ができない人間は、その費用を稼ぐために睡眠時間を削ってアルバイトをしたり、女性であれば風俗店に勤務するケースもあるという。ハードスケジュールがたたり、勤務中に居眠りをする人間も多いという話だ。

このような過酷な状況を受け入れ続けていると、当然、活力や判断力が失われていく。

そんな中でモチベーションアップとして機能するのが、月に1回、1泊2日で開催される全国セミナーだ。

全国から約3000人が集まるこのセミナーは、半ば強制参加で費用は自腹。弟子たちが派遣社員として働いている状況を考慮し、土日に開催されている。

〝トレーナー〟と呼ばれる組織のトップや〝師匠〟の成功体験を聴かされる講演会のほか、弟子たちが普段の活動を報告し合うグループワークのようなものも行われる。その際、弟子たちが少しでもやる気になるように、やたらと褒め合う、拍手し合うといった自己肯定感が高まるような演出がなされる。

勧誘や教育の場で、本が使われるのも『事業家集団・環境』の特徴だろう。幹部はよほど本が好きなようで、何冊も幹部による本が出版されている（「K」というイニシャルの出版社からよく出ている）。

「成功のために、〇〇をしよう」

みたいな内容の、ありふれた自己啓発書だが、どんなに薄っぺらい本でも、弟子たちにしてみればありがたい〝師匠〟のお言葉。「本を出せるなんて、やっぱりすごい人だ」と感心する。購入のノルマがあるので、必死に買い支える。

だが、本を出すことは別に偉くもなんともない。出版には自分で費用を負担して本を作る〝自費出版〟というものもある。極端な話、金さえあれば、本はいくらでも出せるのだ。

『事業家集団・環境』を離脱したという女性から、情報提供が寄せられたことがある。とにかく辞めるのは大変だったそうで、なんとか思いとどまらせようと説得する様子や、逆に恫喝する様子の音声や動画も提供していただいた。

その後、何度かやりとりしていたが、途中で彼女とパッタリ連絡がとれなくなった。彼女は彼氏がまだ組織に残っていると言っていた。その彼を取り戻すために、一度、組織に戻ると言い残し、連絡を絶ったのだ……。

『事業家集団・環境』を率いる〝トレーナー〟と呼ばれる男は、『ニューウェイズ』や『モデーア』といった複数のマルチ組織に在籍していたといわれている。

2022年には、テレビをはじめとするメディアでもその行いが大々的に報道されたが、2024年現在も壊滅には至っていない。拠点は東京だけでなく、大阪や福岡などにも存在している。

不審な2人組の街頭での声掛けには、ぜひ注意してほしい。

「令和のオウム」にもなり得る危険性を孕んだこのような組織が野放しになっていることは、恐ろしいという他はない。

高齢者を食い物にする『ビジョンライフ』

『ビジョンライフ』は、「広告収入を得られる権利」を商材とするマルチ組織だ。

専用のアプリケーションをダウンロードし、毎日一定回数の広告動画を視聴することによって報酬が発生すると謳っている。

会員にはいくつかランクがあり、一番高額なもので460万円を支払うと、月々50万円の報酬を得られるというのだが……、ここまで本書を読まれたみなさんは、早くもこの時点でうさん臭さを感じていることだろう。

注目したいのは、やはり近年の詐欺組織らしく、仮想通貨をスキームに取り入れている点だ。また、広告動画の視聴という、生活に溶け込んだ行為によってお金が手に入るという仕組みを採用している点も興味深い。

みなさんも、ＷＥＢで記事を読んだり、スマホのアプリを日常的に使用する中で、広告動画を視聴したことがあるだろう。

「○秒後に報酬が手に入ります」

というテキストとともに動画が再生される、アレだ。YouTubeやほかの動画サイトを利用していても、広告動画を目にする機会は多い。

「これはちょっと知っているぞ」

「よく出てくるアレを観るだけで、お金が手に入るのか」

そう安易に納得して大金を投じてる人が1人でもいれば、詐欺組織は儲けものだ。

『ビジョンライフ』は高齢者に目を向けて勧誘活動を行っている。

今の日本において、資産を持っているのは圧倒的に高齢者だ。その一方で、インターネットをはじめ、新しい情報に触れ慣れていないという人も多い。詐欺師にとって、そうした高齢者はお金があって騙しやすい、格好のターゲットになっているのだ。

俺が浜松のセミナー会場に突撃したときも、会場にいたのはほとんどが高齢者だった。

『ビジョンライフ』は、その場で現金が当たるパフォーマンスや、会員が参加できる旅行会などを企画していた。それらは高齢者を惹きつけるためのものだろう。

突撃するにあたって、『ビジョンライフ』が提供しているアプリを確認してみた。「JR」や「キリンHD」などのCM動画もあった。日本を代表する大企業、それもコンプライアンスに厳しい上場企業の動画が、悪徳マルチ組織のアプリケーションで流れるというのはどうもおかしい。

さっそく2社に電話で確認してみると、やはり出稿の事実はなかった。とくに「キリンHD」のCMに関しては、すでに出稿期間が終わっていた広告で、その動画自体、本来、世間に露出していることがおかしいものであることが判明した。

俺はセミナーに突撃し、『ビジョンライフ』のやり方が特定商取引法に違反していること、そして、アプリで企業の広告動画が無断使用されているという事実をぶつけた。高齢の参加者が多かったので、普段よりも落ち着いた口調を心がけた。

「JR、キリンHD！　僕のことが信用できなかったら、ぜひ問い合わせてみて下さい。ちょっと面倒かもしれませんよ。5分、10分かかるかもしれません。ただ、5分、10分の手間で、この『ビジョンライフ』が詐欺かどうかがわかります。僕のいうことは信用しなくていいです。ご自身で電話をかけて、確かめてみてください！」

混乱の中、セミナーが終了した。参加者たちがゾロゾロと会場を後にする。

そのとき、俺はひとりの高齢者に声をかけられた。

「『新宿109』のKENZOさん……、ありがとうございました」

突撃動画の撮影で、こんな風に参加者からお礼を言われるのは初めてだった。

いきなり現れて、場を荒らした俺に感謝の言葉を投げかけてくれるなんて……。動画を撮影しながら運営者とは逆のことを口走る、得体の知れない若者に一声かける勇気を想像しただけでも、ありがたい気持ちで胸がいっぱいになった。

その後も、

「杉山を捕まえてほしい」

「ありがとうございました」

セミナー参加者から感謝の言葉を投げかけられた。

アプリや動画など、新しい世の中の仕組みは知らなくても、そのビジネスが本当かどうかは見抜くことができる。俺に好意的な反応を返してくれた参加者のみなさんは、きっとセミナーで話を聞きながらも『ビジョンライフ』の怪しさを感じとっていたのだろう。

「杉山を捕まえてほしい」

ここで名前が挙がった「杉山」というのは、『ビジョンライフ』の幹部・杉山武広のことだ。俺がセミナーに突撃すると、他の会員をさし置いて、一目散に会場から逃げ出した男である。杉山は10年以上にわたって手を替え、品を替えして人々を騙し続けてきた詐欺師で、『ビジョンライフ』の前に突撃していた『ＰＲＯＣＡＰ（プロキャップ）』という悪徳マルチにも関わっていた。

『ＰＲＯＣＡＰ』は、ネットカジノの会員になり、そのカジノで遊ぶことで収益が得られるとする悪徳マルチ組織だ。『ビジョンライフ』同様、新しいものへの知識が乏しい高齢者を主なターゲットにしている。

セミナーでは外国人講師（アジア系）に英語でスピーチさせ、わざわざ通訳を使って説明をしていた。傍から見ているとうさん臭さ満点だったが、外国人の方が信用されやすいとでもいうのだろうか。

俺は浜松に引き続き、取手のセミナー、そして東京・日本橋の事務所にも突撃した。

それでわかったのは、『ビジョンライフ』が国際的な犯罪組織であり、わざわざ海外から何人もの外国人講師を招き、活動するほどの規模で動いているということだった。

ＪＥＴＲＯ（日本貿易振興機構）のホームページでは、こんな風に注意喚起の文章が掲載されている。

「ある日突然、まったく面識のない海外の人物や法人から『これは儲かる！』と思える話が舞込んで来たことはないでしょうか。近年、日本国内では「振り込め詐欺」が話題になっていますが、海外からはより巧妙な手口でアプローチしてくる無数の詐欺団が存在し、被害に遭われた方からの相談も年々増加しています」

『ＰＲＯＣＡＰ』は俺が突撃した後、フィリピン国家警察によって関係者20名が逮捕されている。日本には、『ビジョンライフ』の他にも『ＰＲＯＣＡＰ』のような多数の国際的な特殊詐欺団が入り込んでいる、と見て間違いないだろう。今後も引き続き取材や突撃を行い、注意喚起を続けていきたい。

近年のトレンド『仮想通貨系ＭＬＭ』

２０１６年あたりから仮想通貨を利用した「ＭＬＭ（＝マルチ商法）」の被害が後を絶たない。

『Ｄ９』、『ビットクラブ』、『マイニングシティ』、『マイニングエキスプレス』、『ビットシャワー』、『レブキャピタルファンド』、『ノアコイン』、『プラストークン』、『ＰＧＡ』、『0xLSD』、『ビットサンズ』など、これら以外にも多数の仮想通貨プロジェクトが展開されては、破綻している。

俺はこの仮想通貨系マルチのことを〝ポンジスキーム〟と表現している。

「この仮想通貨を購入すれば将来１００倍以上になる」

「４年に一度、ビットコインの半減期があるから連動してこの仮想通貨もあがる」

などの文句を使って組織は勧誘してくる。

だが、勧められた仮想通貨は、ほとんどが〝ゴミ通貨〟〝電子ゴミ〟だ。購入したらすぐに価値が暴落、会員たちが悲嘆にくれるなか、プロジェクトの運営は集めた資金を持ち逃げする。そうした事態がたびたび起きており、最悪な場合は自殺者まで出ているというのが、仮想通貨系マルチの実態だ。

たとえば、俺が2022年に突撃した『マーケットピーク』も仮想通貨を利用したマルチ商法だった。

『マーケットピーク』がとっていた方法は、「PEAKDEFI（PEAK）」という独自トークンをパッケージ販売するという内容だった。1月あたり一定額のトークンを配布して、それを12ヶ月に分けて配当するという。

だが、日本国内で仮想通貨を販売するには、暗号資産交換業の登録が必要になる。その法規制を避けるためにパッケージとして販売していたのだろうが、実質的には仮想通貨の販売に該当すると考えている。

詐欺師たちがどういう手順で仮想通貨プロジェクトを立ち上げ、日本国内で違法ビジネスを展開しているのか、俺がこれまでの活動上で知り得た知見を暴露しようと思う。

まず仮想通貨プロジェクト自体を立ち上げるのは、大体が外国人詐欺師だ。

どういった商材にするか、マーケティングはどのようにするか、いつ破綻させるかなどを計画するのだ。

詐欺師にとって商材はなんでもいい。

ビジネスをやっている体裁さえ整えば、ひとは簡単に騙せる。

そもそもこういった仮想通貨プロジェクトのターゲットは仮想通貨に無知な人間だから、表向きだけ綺麗に見えればどうにでもなる
そのシステムにどのようなプログラミング言語が使われていて、どのようなコードを使っているのか、一般人では見抜くことはできない。俺はいま、仮想通貨詐欺に対応するために、WEB3・0や仮想通貨業界に知見のある企業にお邪魔して、勉強する機会を作っていただいているが、専門性は相当高い。多少かじった程度では、詐欺師たちの新手の手口に追いつくことは難しいだろう。

話は戻るが、外国人詐欺師がプロジェクトを計画できたら、各国のMLMマーケッター

に話を振る。

日本にも俺が知っているマーケッターが何人もいる。大手ＭＬＭ組織で活動歴があり、セミナーなどの経験も抱負で、連絡を受けて海外に飛ぶのである。

外国人詐欺師からプロジェクトの中身を聞いたＭＬＭマーケッターたちは、日本国内でどのように展開していくか会議に入る。もちろんマーケッターたちは、これが詐欺プロジェクトであることは確認済みだ。

日本に戻ると、まず〝縁故募集《えんこぼしゅう》〟という形で、仲の良い知人やＭＬＭ業界の知人など、影響力や営業力のある人間を中心に勧誘する。このときも詐欺プロジェクトと理解して加入する人間は多い。この時点で参加者たちは、プロジェクトが破綻する時期まで知らされているケースもある。

縁故募集が終わると、そこから日本全体に向けて詐欺プロジェクトが展開していく。

投資未経験のカモを勧誘し、そのカモがまたカモを連れてくる。投資の仕組みも知らないど素人が、リスクを無視してメリットばかりを誇大に説明して勧誘をする。俺はこれが非常に大きな問題だと思っている。

マルチ商法という商売の特性として、勧誘すればするほど指数関数的に組織が拡大していくのが恐ろしい。

　俺が〝ポンジスキーム〟と呼ぶ仮想通貨系のマルチ商法は、このような道のりをたどって日本国内に蔓延しているのだ。


　仮想通貨系のマルチ商法は、海外の詐欺師が立ち上げるプロジェクトなので、マルチ商法に必要な契約書面・概要書面を交付しない。というより発行すらしていないことが多い。

　共通する特徴としては、仮想通貨「ＵＳＤＴ」を使って、入金させるということだろう。

　ＵＳＤＴはテザー社が発行する仮想通貨の一種で、アメリカドルに連動して価値が担保されている（こういう仕組みの仮想通貨を「ステーブルコイン」と呼ぶ）。価格の変動が少なく、目減りしづらいので、悪徳マルチの決済方法としても重宝されているのだ。

　仮想通貨にある程度明るくないと、日本円からＵＳＤＴへの換金は苦労するが、そのあたりも対応済みだ。口座開設から仮想通貨の購入まで、マーケッターがついて懇切丁寧にサポートしてくれる。

　ＵＳＤＴは犯罪組織にしばしば利用されており、国連も注意喚起している。

「オンライン・ギャンブル・プラットフォーム、特に違法に運営されているプラットフォームは、仮想通貨ベースのマネーロンダリング、特にテザーを使用する者にとって、最も人気のある手段として浮上している」（２０２4年1月15日の国連の報告書より）

単純にＵＳＤＴ自体が詐欺的な通貨というわけではないが、ＵＳＤＴで入金する機会があれば一度立ち止まって入金前にネットを調べてみて欲しい。

仮想通貨系のＭＬＭ組織は、資金の集まり具合を見ながら、警察の追及を逃れるために半年程度で雲隠れするのが典型的なパターンだ。

詐欺集団は金を集めては消え、集めては消えを繰り返している。

俺がこの数年見てきただけでも、20以上の詐欺集団が同じような手口で詐欺を働いている。それらを合わせれば被害額は相当なものになるに違いない。

仮想通貨市場は価格の浮き沈みが激しい。市場規模が大きくなる中で、多くのリターンを手にしてきた人もたしかにいる。

しかし、仮想通貨への投資で利益を得ることができた人は、少なからず仮想通貨そのものや、仮想通貨市場の勉強をしている。

どんな世界でもそうだが、他人から勧められるままに資金を投じるだけで大儲けできるほど甘くはないのだ。


これから仮想通貨を用いた詐欺は、ますます増えていくことだろう。

その被害を防ぐ一番の方法は、まずは疑ってかかるということだ。

世の中には〝楽して儲かるビジネス〟など存在しない。

それでも「仮想通貨が気になる」「投資をやってみたい」というのなら、一度、徹底的に調べてみてほしい。自分で調べて、勉強をして、納得ができたら自分の手で投資をすればいい。怪しい組織や業者をわざわざ通す必要などないのだ。

まず疑って、調べて、勉強する。

それを実践すれば、きっとみなさんが騙されることはなくなるはずだ。

【第五章】『新宿109』の危機

ある日のXの投稿

「そろそろ中島さんの後を追います。
『肉を切らせて骨を断つ』
とは言ってきたけど、詐欺師が1番喜ぶ世界になるのが無念……。
新宿109KENZOはここで終わりですね。
ありがとうございました」

これは俺が2023年11月20日にXに投稿した一文だ。
まるでYouTubeから引退するかのような文章だったので、多くの方から心配のメッセージをいただいた。その節はご心配をおかけして申し訳なかった。ここで改めてお詫びさせていただきたい。

今でこそ当時を冷静に振り返ることができるようになったが、このときはかなりいっぱい、いっぱいだった。

本気でこれ以上、活動を続けられないと思ったし、表舞台から消えたいとも真剣に考えていた。

『新宿109』が始まって以来、最大の危機……そういえるかもしれない。

いったいあのとき、俺の中で何が起きていたのか。

心配してくださった方のためにも、きちんと書いておかねばならないだろう。

そもそもの発端は、俺の YouTube への姿勢にあった。

『新宿109』といえば、悪徳マルチへの突撃動画というイメージがある。

しかし、突撃動画ばかり投稿していても視聴者は飽きてしまう。『新宿109』の動画をたくさんの人に観てもらうには、色々な趣味・趣向を持つ人に刺さるようなバラエティー豊かなチャンネルづくりをしなければならない。

そこで俺は突撃動画と並行して、〝時事ネタ〟に切り込む動画も作るようになった。その時々に話題になっている人物や事件、場所などに突撃するという動画だ。

たとえば、

『【盗難】モモの路上販売をしている軽トラを50キロ追跡して突撃してみた』

『【桃】山梨県に行って農家さんに直撃インタビューしてみた！！』

といった動画はまさにそうだ。

当時は、盗難された作物の転売などがニュースになっていた。

「都会の駅前などに出没する桃の路上販売も、盗難した桃を売っている」

そんな真偽不明の噂も出回っていた。

その真相を確かめるべく、突撃を行ったのだ。

動画では、路上販売を仕切っているという歌舞伎町の責任者を直撃。その後、桃の生産地を訪れて、現地で入念な聞き込み調査を行った。

その結果、わかったのが路上販売されている桃は盗品ではなく、市場に出すことのできない規格外品を買い取ったものである、ということだった。収穫した桃の中には、形が悪かったり、大きすぎたり小さすぎるなどして、市場に出せないものもある。俺が訪れた桃の産地には、そうした桃を買い取る業者があり、そこを通じて路上販売の業者へと桃が流れていたのだ。

そこまで追ったマスコミは他になかったので、動画のコメント欄では「よく調べてくれた」「真相がわかってよかった」など好意的な評価をいただいた。

大手マスコミは基本的にニュースバリューがないと報道しない。コンプライアンスやスポンサーへの配慮など、守らなければならない制約も多い。

だが、俺たちYouTuberは基本的に自由だ。大手メディアができないことをやれるのは、YouTuberの醍醐味だろう。

動画制作は下調べが肝心

少し話が脇道にそれるが、俺が動画をどのように作っているかを説明しておこう。

基本的な流れとしては、

①どんな相手に突撃すると面白いか、ネタを考える
②相手の情報を集める
③突撃！
④撮影した動画を編集して、YouTubeに投稿

という形で進めていく。

まず、①のネタ探しだが、悪徳マルチなどへの突撃の場合は、視聴者からの情報提供をもとにすることが多い。

悪徳マルチのセミナー情報は、なかなか外部に漏れ出てこないので、視聴者からの情報はとても貴重だ。また個人で動いているような詐欺師を突撃する場合も、視聴者からの情報提供は欠かせない。そういう動画は鮮度が命なので、DMをいただいた翌日に現地に飛んで撮影する、などというスピーディーな展開になることもある。

②の下調べも重要だ。
突撃する相手が何者なのか。首謀者は何者で、背後にはどんな組織がいるのか。そのことがわかっていないのに突撃をすると、思わぬしっぺ返しをくらうおそれがある。

下調べはインターネットが中心だ。

ＳＮＳはもちろん、グーグルマップなどを駆使して相手の居場所を特定。自宅に突撃するときは、確証を得るために登記簿などを取得することもある。


また、当たり前だが取材するには時間も費用もかかる。空振りに終わると〝赤字〟になってしまうので、できるだけ外さないように下準備をする。

だが、取材はある意味、出たとこ勝負。

待ち合わせていた情報提供者にすっぽかされたことは何度もある。レンタカーを飛ばして秋田に日帰り取材にでかけて、危うく撮れ高ゼロで終わりかけたこともある。

考えてもみてほしい。

東京から秋田まで往復１２００キロ。

ボロボロになりながら、必死に車を走らせ、何にも撮れなかったときのことを。

この時は何とか動画が成立したからよかったものの、もし失敗していたら、今後の生き方を考えていたところだ。

大ヒット動画が生まれた背景

そうして下調べをしたり、長時間の移動を経て、ようやく③の突撃である。

突撃をして動画になるのは、だいたい8割から9割くらいだろうか。長く取り組んでいると、しっかりと準備をしても「なんや、これ」とげんなりする結果に終わることもたくさんあるのだ。

だが、それでも続けていたら、「ガツン！」と強烈にヒットするコンテンツが生まれることがある。

たとえば、被害者からの情報提供をもとに、中古車販売業者のクレジットカードの不正利用を暴いた、

『ネクステージ社員が客のクレカを不正利用していたので店舗に突撃してみたwww』

などはそうだろう。

この動画は2024年2月現在で450万再生を超える大ヒットになった。

情報提供者は、自動車販売業者に自身の車を無料査定してもらった翌週、自分のクレジットカードが不正に利用されていることに気がついた。カード会社から情報提供を受けて自力で調べたところ、その自動車販売業者のスタッフの名前が浮上。警察に相談したが、一向に動いてくれないため、俺に相談を持ちかけてきたのだ。

この件は相談を受けた時点で、

- 無料査定の際にドライブレコーダーを切られるなど違和感があった
- 不正利用は使った記憶のない国内フリマアプリ業者の「メルカリ」
- クレジットカード会社が不正利用者の情報提供をしてくれた
- 自力で自動車販売業者の担当者が犯人であることを突き止めた
- 警察に相談したものの、動いてくれないと、突撃に値する情報が揃っている状況だった。

ここまで揃っていれば、コンテンツとして成立する可能性は極めて高い。

現場へアポなしで突撃した際の詳しい様子は動画を観ていただきたいのだが、その場で不正利用の履歴を確認できたうえ、警察も動いてくれるという結果となった。動画の反響は大きく、公開後にはそのスタッフに関するタレコミが数多く寄せられた。

問題のスタッフは、クレジットカードの不正利用を認めたため、店をクビになった。その後、彼がどのようにしているのかは不明だ。

当時はビッグモーターの不正により、中古車業界に世間の関心が集まっている時期だった。おかげで著名なインフルエンサーにも動画を取り上げてもらえ、広く拡散されていったのだ。

こだわりの動画編集

さて、最後に④の動画編集だが、実は、ここが特にこだわっているポイントだ。

YouTuberは基本的に視聴者が観てくれれば、それだけで活動を続けることができる。

これは逆を言えば、つまらなければYoutuberではいられないのである。

だからこそ、いつも念頭に置いているのは、動画はエンターテインメントとして成立させなければならないということだ。視聴者が楽しんで観ることができないのであれば、いくらがんばって動画を作ろうが、それは意味がないことだからだ。


動画を編集する際、とくに気を遣うのが突撃動画だ。

俺の突撃は、完全なドキュメント。

リアルである分、ときにシリアスになりすぎてしまうことがある。

「詐欺撲滅！」という看板を掲げて動画づくりをしているが、その内容が重すぎたり、難しすぎたり、不快感を与えるような表現があると、視聴者のみなさんに最後まで観てもらうことは難しい。

動画を楽しんでいるうちに『新宿１０９』のファンになってくれて、いつのまにか詐欺を見抜く知識やリテラシーが身についている。そういう動画が一番の理想だ。

詐欺に対するリテラシーが身につけば、周りの人が騙されたときに助けることができる。そういった人々が増えていけば、詐欺被害を防ぐ抑止力になる。だからこそ、『新宿109』の動画は面白くないといけないし、どんな人にもウケるようなものをつくらなければならない。


動画の編集も少し前まではすべて自分でやっていた。

最初は「フィモーラ」という安価な編集ソフトを使っていたが、2年目からはプロの動画編集者が使用する「Adobe Premiere Pro」に変更した。

ソフトの使用方法など、編集技術は基本的に独学で習得した。テロップやBGMの入れ方ひとつで動画の印象は大きく変わる。人気YouTuberの動画なども研究し、観てもらいやすい動画を編集する技術を磨いてきた。

動画の編集は、とにかく時間がかかる。技術的な問題もあるかもしれないが、俺の場合、1時間の素材を15分から20分程度の作品にまとめるのに、4日から5日はかかった。

とにかくこの編集作業に時間がかかるので、YouTuberになってからの約3年間はまったくといっていいほど遊びに行かなかった。

ちょっと気晴らしに遊ぼうと思っても、

「この時間があったら動画編集できるな……」

などと考えてしまうのだ。


現在では動画の編集は信頼できるスタッフに頼んでいるが、今でも生活の中心は相変わらずYouTubeだ。

動画を編集する時間は空いても、その分、勉強をしなくてはいけない。

悪徳マルチや詐欺も日々進化していて、次々と新手のスキームや商材が現れる。それらに対抗するためには、インプットが欠かせない。法律や判例を学ぶのはもちろん、仮想通貨についても、広く深く知識を得ておく必要がある。もちろん、メインの突撃をする時間もある。ひとつの動画を撮影するために、全国を飛び回ることもある。時間はいくらあっても足らない状況だ。

『新宿１０９』の動画を観るときに、「ＫＥＮＺＯも意外と考えて作っているんだな」などと思っていただけたら幸いだ。

仲間たちとの出会い

動画作りの中で一番難しいのは、やはりネタ探しだ。

ネタはニュースや視聴者からの情報提供から思いつくこともあるが、それだけでは限りがある。動画は定期的にアップしなければならない。とにかくアイディアを出して、作り続けなければならないのだ。


そんなときに頼りになったのが、同じ志を持つYouTuberの存在だった。

YouTubeの世界ではよく〝コラボ動画〟というものが作られる。

普段は別々のチャンネルで活動している者たちが、ひとつの企画のために集まる。ひとりでやっていたときには思いつかなかったような新しい切り口に出会える可能性があるし、相乗効果で多くの人に観てもらうこともできる。

たとえば、俺が突撃路線に進むことになった相原さんとの出会いなどはそうだ。

相原さんとコラボしたおかげで、俺は自分の切り口を見つけただけでなく、多くの人に動画を見てもらえるようになった。

ネタに苦しむYouTuberは多いと思うが、コラボはひとつの活路でもあるのだ。

俺はYoutubeを続ける中で、多くの仲間と出会った。

煉獄《れんごく》コロアキさん、中島《なかしま》さん、令和タケちゃん、フナイムさん、はっくん、突撃リポーター大和、スーパードミネーター……。

いまとなっては名前を挙げた半数が逮捕されてしまったが、つい1年前までは、お互いのチャンネルでコラボをしたり、意見交換をしたり、お互い切磋琢磨しながらYouTuberとしての階段を上ってきた。

企画を一緒にこなすだけでなく、スタッフとして動画を手伝ってもらうこともあった。慢性的な人手不足だったので、協力者ができたのはありがたかった。とくに煉獄コロアキさんなどは、連れション的なノリでよく突撃に同行してくれた。助け合いながら活動してきた、という思いが今でもある。

『ガッツch』の中島さんともよく一緒に動画を撮った。

中島さんは視聴回数やチャンネル登録者数など、数字に強いこだわりがあった。その姿勢は同じYouTuberとして大いに刺激になった。中島さんが始めた「痴漢退治」というテーマは、賛否両論あるが、これほど世の中に痴漢をする男性がいるという事実を世に知らしめたという意味では今でも称賛に値すべきだと思っている。彼の登場以前、痴漢の実態について知らなかった人が大勢いたはずだったのだ。

電車内における痴漢行為を動画に収めるのは、非常に難しい。大勢の乗客がいる中、触ったか、触っていないか、その一瞬を撮影する困難さは想像を絶するものがある。

その一瞬のために、中島さんたちは地道に証拠を積み重ねていた。何日も駅に張り込み、ホームをうろうろする不審人物を見つけ出し、後をつけて痴漢の裏取りをした上でカメラを回す……。あの動画はそういう細かい積み重ねで作られたものだった。

中島さんは「3年以内に痴漢をゼロにする」という目標を掲げ、自分の信じる道を突き進んでいた。単独でマイペースを貫きながら活動していた俺とは違い、中島さんには協力スタッフがいて、彼らに十分な報酬を支払いながら活動していた。それだけしっかり活動しようと思えば、当然、経費もかかる。だからこそ、中島さんは数字を強く意識していたのかもしれない。

変わった潮目

悪徳業者や犯罪者、マナー違反者へ突撃をする俺たちの動画は、〝世直し系〟などと呼ばれて、世間の注目を集めるようになった。

今では考えられないことだが、当初は賛同や賞賛する声が多く、仲間たちもどんどん新しい動画を作っていった。

しかし、ある時から大きく潮目が変わった。

きっかけは一本の動画だった。

男性アイドルグループのコンサートチケットの高額転売が、当時、社会問題になっていた。その転売ヤーをテーマにした動画を撮影するために、いつものメンバーが集まった。

スマホを使って転売ヤーをおびき寄せ、捕まえる。そういう趣旨の企画だった。

現れたのは、若い女性だった。

「チケット、転売しているだろう！」

問い詰められた女性はパニックになり、タクシーに乗って逃げ出そうとした。

「逃げんな！」

怒鳴り声を上げながら、腕を掴んで引っ張る。女性は「やめて！　放して！」と叫びながら、なおもタクシーに乗ろうとする……。

この動画がXにアップされたとき、俺はマズイなと思った。

明らかにやりすぎだったからだ。

女性がチケットを転売していたかどうかはともかく、若い女性を大勢の男が取り囲んで、詰問するのはイメージが悪い。そのうえ、手を引っ張るといった〝暴力〟も振るってしまっている。少なからず、批判の声が起きるだろう。この時はそんな風に思っていた。

だが、動画に寄せられた批判は、俺の予想をはるかに超えていた。

「やりすぎだ」

「いったい何の権限があって、やっているのか」

「見ていて気分が悪い」

そんな非難や批判のコメントが、おそろしい勢いでつけられる。

それまで俺たちの存在を無視していた大手メディアも、批判的な論調で記事を書き立てた。〝世直し〟と一部で讃えられたこともあった俺たちは、この騒動以降、単なる〝迷惑〟な存在に転落してしまったのだ。


しかし、それでも煉獄さんや中島さんたちは止まらなかった。

この時、煉獄さんや中島さんがどう考えていたのか、本当のところはわからない。

だが、彼らの様子を見ていると、危機感を覚えるというよりは、その状況をチャンスととらえていた節がある。

批判だろうが、炎上だろうが構わない。

世間から注目されれば、かならず数字はついてくる……。

彼らはそんな数字の持つ魔力にとりつかれていたのかもしれない。

相次ぐアカウント強制停止

YouTuberが最も恐れていること。

それはアカウントの強制停止（ＢＡＮ）だ。

視聴者からの通報などがあると、YouTubeの運営サイドが調査を開始し、問題があると判断されればアカウントが停止されてしまう。アカウントが止められると、広告収益は得られなくなる。YouTuberにとってＢＡＮは、死刑宣告に等しいものなのだ。

〝世直し系〟YouTuberへの世間の風当りが強くなる中、ついに大きな動きがあった。

仲間のひとり、令和タケちゃんのYouTubeアカウントが何の前触れもなく、一発でＢＡＮされた。その後、中島さんの『ガッツｃｈ』、煉獄コロアキさんのアカウントも収益停止になり、ＢＡＮされていった。

連絡を取り合う中で、俺は自分なりに彼らに対して、注意喚起をしていたつもりだった。

「世間を敵に回したら、怖いですよ」

「あまり過激になりすぎると、削除されちゃいますよ」

しかし、俺にとって彼らは年上だし、独立したYouTuber同士の関係だ。

行き過ぎた活動を止めるところまでは力が及ばなかった。同じYouTuberだから、世間の注目を集めて再生回数を稼がなければならないという、プレッシャーに日々追われる気持ちもよくわかるのだ。


状況が日に日に悪くなる中、２０２３年の10月頃だっただろうか。

いわゆる〝私人逮捕〟系のYouTuberが集められて、テレビ番組の取材を受ける機会があった。中島さんなんかはこれ以外にもいくつもテレビの取材を受けていた記憶がある。

俺は〝私人逮捕〟系ではないという自負があったので、その取材には参加しなかった。

これまで俺は自分なりに、社会の迷惑にならないよう、一線を引いて活動してきたつもりだった。殴るといった行為はもちろん、自分から相手に掴みかかったこともないし、裏取りを一切せずに突撃したこともなかった。

だが、俺は煉獄さんや中島さんと行動をともにしたこともあったので、世間からひとくくりにされてしまうことも理解していた。

そんな状況でのテレビの取材のオファー。俺はこの取材になにかキナ臭いものを感じた。

テレビ局は、あとで何かに使うために俺たちが揃ったVTRを取りたいのではないか、と考えたのだ。

その何かとは、〝逮捕〟である。

ついに訪れた逮捕のとき

テレビ局が動いているということは、逮捕は近そうだ。

問題は誰が逮捕されるのか、ということだ。

「俺は大丈夫」

「逮捕されるなら、それを受け入れるまで」

そう自分に言い聞かせるが、不安は募ってくる。

そんな中、2023年11月13日、ついに一人目の逮捕者が出た。

最初は煉獄コロアキさんだった。

容疑は名誉毀損《めいよきそん》の疑い。2023年9月に千代田区の劇場で撮影した動画の中で、当時十代の女性を転売ヤーとして顔出しで映していた。しかし、女性はチケットの転売はしておらず、動画を公開したことで女性の名誉を毀損したとして逮捕されたのだ。

それから1週間後の2023年11月20日、今度は『ガッツch』の中島さんとスタッフのみっちーさんが逮捕された。容疑は覚醒剤取締法違反の疑い。『ガッツch』では覚せい剤所持者をおびき出し、私人逮捕する企画を行っていた。その行為が覚せい剤を持ってくるようにそそのかした、つまり、覚せい剤所持の教唆に当たるとされたのだ。


まさかこれほど短期間に、立て続けに逮捕されるとは思わなかった。

いくら自分では大丈夫だと思っていても、事実として一緒に活動したこともある2人が逮捕されると、

「次は俺なんじゃないか」

という気持ちになってくる。

俺に敵意を持つ人間は多い。とくに突撃によってセミナーを潰された詐欺師たちは、俺の存在を煙たく思っているだろう。そんなやつらがあることないことを並べ立てたとしたら……。自分では一線を引いているつもりでも、たとえばマルチ組織からお金を取り返すのを手伝ったことが〝恐喝〟と解釈されないとも限らない。

実際、SNSを見ると、

「次はお前の番だ」

「KENZOを潰す！」

そんなコメントが次々と書き込まれていく。

それを眺めていたら、世間の批判がすべて俺に集中しているような気になって、ついに心が折れてしまった。

そうして書き込んだのが、この章の冒頭にあげた文章だった。

「そろそろ中島さんの後を追います。

『肉を切らせて骨を断つ』

とは言ってきたけど、詐欺師が1番喜ぶ世界になるのが無念……。

新宿109KENZOはここで終わりですね。

ありがとうございました」

投げやりな気持ちで投稿した文章だったが、この時は割と本気だったのだ。

だが、そんな出口のない不安な気持ちを変えてくれたのは、視聴者からの温かいコメントだった。

「KENZOは違う」

「これからも応援しています」

そんな視聴者からの好意的なコメントが、力を与えてくれた。

俺は本心から詐欺撲滅を掲げて活動をしている。詐欺の被害者をひとりでも減らしたいと思っている。だが、それは同時に他でもない自分のためでもある。俺のやっていることはボランティアではない。動画を作って、観てもらうことで広告収入をもらっている。『新宿１０９』は自分の生活のためにやっていることでもあるのだ。

それなのに、世間の批判があるなかでも、こうしてまだ俺を応援してくれる人たちがたくさんいる。その事実は、なにより俺を勇気づけてくれた。

俺が活動を止めて、喜ぶのは詐欺師だけだ。『新宿１０９』は悪徳マルチと詐欺師の天敵。やつらが得をするようなことだけは絶対にやりたくない。

このコメントを出した翌日、俺は早くも〝引退〟を撤回した。

たった一晩限りの引退宣言だった。


結果的に俺は、私人逮捕系YouTuberとして逮捕されることはなかった。

おかげ様で、YouTubeのアカウントもピンピンしている。

繰り返しになるが、その背景には俺のことを応援してくれるみなさんの力があったことは言うまでもない。

マルチ組織に対する警察の対応などを見ていても、世論の後押しというパワーは、警察を動かす上で大きな力になる。俺の活動を温かく見守ってくれている視聴者の方には、改めて感謝を申し上げたい。

仲間の逮捕はショッキングではあったけれど、そのことによって他のYouTuberとコラボする機会が失われたわけではない。

たとえば、突撃リポーター大和などはそうだ。

彼とは知り合った当初からよい距離感で付き合えている。最近も仮想通貨の自動売買システムを勧めるマルチ組織『Ｒｅｔｒｉ』への突撃動画をコラボのかたちで公開している。

過度な突撃や炎上からは一歩引いた姿勢で活動を続けるフナイムさんとも、協力は続けていくだろう。

フナイムさんと俺の間には、奇妙な縁がある。俺が『ＮＯＶＡアフィリエイト』に突撃を繰り返していたとき、フナイムさんはＮＯＶＡ側の人間として活動していたのだ。フナイムさんは当時、かなりブラックな決済代行業者で働いており、後に特殊詐欺事件の主犯として実刑判決を受けて刑務所に服役している。現在では過去の行いを悔いて詐欺撲滅活動をしているが、自身が悪事を働いていたからこそ、人々に伝わる言葉があるのではないかと思う。

他のYouTuberとのコラボレーションを期待している読者の方は、引き続きチェックしていただきたい。

肉を切らせて骨を断つ

仲間たちの逮捕を経て、俺はより一層、YouTuberとして活動していく上で責任を感じるようになった。

社会をよりよくしたい。

そんな思いで作ったはずの動画が、被害者を生み、また社会問題を生んでしまう。

そういった〝悲劇〟はもう二度と繰り返したくない。

あの一件以来、俺たちYouTuberには厳しい目が注がれている。

ここで半端なことをしてしまえば、きっとまた批判を受けることになるだろう。

詐欺師には迷惑をかけても、社会には迷惑をかけない。

肉を切らせて、骨を断つ。

胸を張って活動を続けるには、そういう覚悟が必要になる。

悪徳マルチ組織もどんどん手ごわくなっている。

詐欺集団に立ち向かうためには、俺はいまよりももっと強くならなければならない。また、活動を加速させるために、よりよいチーム作りをする必要も感じている。

最近では、詐欺師の間でも名前と顔が売れてきた。突撃前にバレるなど活動のやりにくさを感じることはあるが、変装して潜入したり、協力者をメインに据えて突撃したりと、こちらも二の手、三の手を繰り出して、組織にダメージを与えているところだ。


しかし、悪徳組織との対峙が続く一方で、こうも考えるのだ。

YouTuber として胸を張れるようになったいま、もし YouTube がなくなったら、俺はどうなるのだろうと。

いまの俺は、収益の面では完全に YouTube に依存しているといっていい。

たとえとして適切ではないかもしれないが、アムウェイに生殺与奪権を握られている会員と俺は、立場的にそう変わらないのかもしれない。

ありがたいことに、最近では雑誌の取材を受けたり、ファッションブランドとのコラボレーションが始まったりするなど、これまで接点がなかった世界とさまざまな縁が生まれ始めている。

俺はこの先、どのような道を歩めばいいのか。

日本から詐欺師を一掃するには、どんな方法が最適なのか。

そんなことを、最近はよく考えている。

『新宿１０９』は続いていく。これから、その活動をぜひ見守っていただきたい。

【第六章】KENZO直伝 「詐欺被害防止マニュアル」

詐欺に遭わないための心構え

さて、本書の最終章となるここでは、「詐欺に遭わないための心構え」について解説していきたいと思う。

俺の動画をたくさん観てくださった方には、わざわざ説明するまでもないかもしれないが、詐欺師たちはあの手この手で騙しを仕掛けてくる。

ここで改めて確認して、詐欺に遭わない知識と心構えを身につけてほしい。

【詐欺を防ぐ心構え①】まず、他人を疑おう

自分から儲け話を探して詐欺師のカモになってしまうというパターンもなくはないが、詐欺は基本的に他人からアプローチされて被害に遭うケースが多い。

「人を疑う」ということに抵抗感を持つ方もいるかもしれないが、詐欺被害を防ぐには、「安易に人を信用しない」という基本姿勢が最も重要だ。

- **知り合いに紹介された偉い人**
- **クラブで連絡先を交換した相手**
- **街中で声をかけられて連絡先を交換した相手**
- **マッチングアプリで知り合った相手**
- **街コン、異業種交流会などで知り合った相手**

第四章でいくつか勧誘方法を紹介したが、これらに該当する人物は特に警戒しよう。

人が集まるところに詐欺師アリ、だ。

また、それほど親密でない学生時代の友人や先輩、また会社の上司や同僚から「軽く飲もうよ」「お茶しようよ」などと具体的な用件が明かされない誘いがあった、というパターンも要注意だ。

性善説に立ちたい気持ちはわかるが、自分の身を守ることが大切だ。

怪しいと思いつつもその場に行かねばならなくなった場合は、勧誘があることを想定しておくといい。

会社の上司など、目上の立場の人間から誘われた場合は、上下関係を使って断りづらい勧誘トークを繰り広げてくる可能性がある。こういった場合でも、事前に「詐欺に誘われるかもしれない」という心構えを持っておけば、「やっぱりきたか」と毅然とした態度を取れるはずだ。立場の違いがあったとしても、自分の意志を失わない心がけが必要だ。

【詐欺を防ぐ心構え②】勧誘されても即決は厳禁

図らずとも何かのビジネスに勧誘されてしまったら、〝いかなる場合〟も即決はしないということを肝に銘じてほしい。

これは商材や金額に関わらず、だ。

詐欺師はあなたが首を縦に振るまで、何時間も粘り強く勧誘トークを続けてくる。

「こんないい話逃すなんてバカだよ」

「スグに始められるし、周りはこれでみんな稼いでるよ」

「一緒に稼いで、旅行行ったり美味しいもの食べに行こうよ」

こんな煽り文句に負けてはダメだ。

勧誘者が稼いでいると言うなら、証拠を見せてもらうようにしよう。

今はスマホひとつでネットバンキングの通帳が閲覧できる時代だ。

「稼いでいるんだったら、通帳見せてもらえますか？」

そう迫るだけで相手は怯むはずだ。

マルチ会員の中には、勧誘の際に飲むコーヒー代ですら出し渋る人間が大勢いる。思うように稼げていないからこそ、余裕がないのである。


周囲を会員で囲まれて、断りづらい状況を作った上で勧誘されるケースもある。

そんな時も気持ちを強く持ち、その場で決めずに一旦持ち帰るようにしよう。

考えてもみてほしい。

あなたはパソコンや家電などを買う時に、どれがいいかネットや家電量販店で下調べをして、予算と照らし合わせながら検討しないだろうか。それと同じことだ。

仮想通貨だって、世の中には勧められたもの以外にも山ほどある。興味があるなら、自分なりに調べて、比較検討してからでもまったく遅くはないのだ。

不意に勧誘を受けてしまったら、必ず話を一旦持ち帰ること。

帰りたいといって帰してくれなければ、その時点で相手は特定商取引法違反だ。

これまで俺が見てきた勧誘事例の中では、カフェに10時間以上も拘束されたというケースもある。あまりにしつこいようであれば、

「KENZOさんっていう友だちがいるんですけど、相談してみたいと思います」

という風に俺の名前を使ってくれて構わない。余裕があれば、勧誘の内容を録音するのもいい。自衛のためであれば隠し録りをしても構わない。これらを実行するだけで、詐欺の被害に遭う確率を大幅に減らすことができるだろう。

【詐欺を防ぐ心構え③】「やらない」という意志のもとに情報を集める

話を一旦持ち帰ったら、自分なりに聞いた話と、調べた情報を付け合わせてみよう。

このときに調べた結果、その組織に日本法人がないようであればかなり怪しいと思っていい。国内に本店の所在がなく、公になっている問い合わせ先もないようでは、信頼度はかなり低い。勧誘してきた人間と付き合いが浅いようなら、その人間について分かる範囲で調べてみるのもいいだろう。

また、勧誘を受けるなかで、

「今度有名な◯◯さんの説明が受けられるから、きてみない？」

「グループのリーダーが◯◯さんという人で〜」

などと第三者の名前が出てきたら、その人間についても忘れずに調べておこう。

SNSにハイブランド品や外車、札束などをひけらかすような投稿をしているなら、ほとんどクロだと思って間違いない。本当のお金持ちは、お金など見せびらかさず、慎ましく生きているものだ。

不特定多数の人間に札束を見せびらかし、調子に乗っているような人間になりたいかどうか、改めて考えてみてほしい。こういった投稿のほとんどは演出であり、札束が作り物だったり、外車のナンバーをよく見てみると「わ」ナンバーで実はレンタカーだった、なんていうのはよくある話だ。

また、まれに芸能人や著名人を広告塔として利用している詐欺集団もあるので、その点にも注意が必要だ。

「あの◯◯さんが薦めているんだから、ぜったい安心！」

なんて言葉を安易に信じてはいけない。

過去には芸能人を広告塔にした詐欺事件がたくさん起きている。

たとえば、２０１７年にはミュージシャンのGさんが、スピンドル（ＳＰＤ）という仮想通貨の広告塔を務めたことがある。スピンドルはその宣伝効果もあって２２０億円もの金を集めたが、２０１８年5月に上場されると大暴落。上場前には1スピンドルが２００円だったが、その価値を一度も上回ることがなく、２０２４年2月の時点で０・００５円の値段をつけている。

また、大阪の人気お笑いコンビのひとりが、知人を投資に勧誘して資金を集めていたが、詐欺に遭っていたことが露見。芸能活動を一時自粛に追い込まれたこともあった。芸能人が広告塔になるだけでなく、芸能人自身も騙されている、というケースもあるのだ。

また最近ではこれに加えて、有名人の画像を使って、詐欺案件に誘導するネット広告も多数見かけるようになっている。その背景には、いくらかお金を支払うと芸能人の画像を広告に使えるという、定額サービスの登場がある。

「有名な○○さんが薦めているから安心」

という理論は、すでに破綻しているのだ。

もし詐欺に遭ってしまったら…

ここまで気を付けていても詐欺に遭ってしまった場合は、次のページで紹介している手順で対処してほしい。身の周りの人間から「詐欺に遭ってしまったかも……」と相談を持ち掛けられた場合も同様だ。

少額だからと言って泣き寝入りをしても、何の解決にもならない。

少しでも詐欺被害を少なくするためには、被害者から声を上げ続けることが必要だ。

①まずはネットで検索する

組織名をネットで検索するだけでも、多くの情報が手に入るはずだ。Google、Xなどで情報収集し、詐欺だとある程度の確信が持てたら、手元の情報を整理しよう。

②時系列順に情報をまとめ、証拠を揃える

何月何日にどこで誰と会ったか、いつセミナーに行ったかなど、詐欺師とコンタクトを取ってから現在までの流れをノートに書き出してみよう。書き出す先は、スマホのメモ帳でも構わない。これまでの流れを整理し終わったら、LINEなどメッセージアプリの文面も忘れず保存。仮想通貨が絡んでいる詐欺なら、組織独自のアプリケーションや公式サイト、振り込みをした場合は振り込み履歴など、証拠になるものも揃えておこう。

③管轄の警察（生活安全課）に連絡をする

詐欺に関する相談は、警察の中でも生活安全課という部署が扱っている。

相談するのは、現金を手渡した場合は、手渡した場所の管轄の警察だ。わからない場合は、最寄りの警察署の窓口に行き、相談してみよう。アポなしでいきなり警察署を訪れると、専門の警察官が対応してくれるかどうかは運次第。できれば事前に連絡して、詐欺に精通した担当者に話を聞いてもらったほうがベターだ。情報を揃えておき、それらを持参して事情をよく知る警察官に担当してもらおう。


ただ、ここまで準備をして警察署に出向いても、話をしっかり聞いてもらえるかどうかは担当者による、としかいえない。詐欺の立証は難しいため、

「あなたも投資を信じたんでしょ？」

なんて口調であしらわれてしまい、被害届を出せないケースもあるのだ。

また、被害届を出すか出さないか、という過程でも、ひとつトラップがある。

被害届を出す前に

「示談を受け入れますか？」

と問われるが、ここで示談を受け入れる意思を示してしまうと、被害届が受理されづらくなってしまう。詐欺案件の内容にもよるのだが、注意してほしい。

④消費生活センターへ電話する

警察への被害届提出が終わったら、消費生活センターへ電話してほしい。ここでは起こったことを流れに沿って話すだけだ。相談件数が多ければ、第三章で紹介したマルチ組織のように、消費者庁が動いて行政処分を行う可能性がある。詐欺組織の息の根を止めるためにも、被害者ひとりひとりが行動を起こすことが重要なのだ。

以上が、詐欺に遭った際にまず行うべきことだ。

まとまった数の被害者が集まり、被害者の会を組織して集団訴訟を起こす、という流れもあるが、これには多大なお金と労力がかかるため、思ったように行かない可能性もある。

地味な方法だが、XなどのSNSで「こんな被害がありました」と情報発信するのも、次の被害者を防ぐ効果はある。情報発信すれば、同じような被害を受けた人とつながることもできる。そうすれば情報もより円滑に集めやすくなるはずだ。


最後に、これは詐欺に遭ってしまった人には厳しい一言になるかもしれないが、あえて注意喚起の意味を込めて伝えたい。

詐欺に遭う人は、傾向として仕事や人間関係、お金など、何かにコンプレックスを抱えている人が多い。コンプレックスに向き合うことを避け、「本当にたくさんお金が手に入ったらいいなあ」と詐欺師の謳い文句を信じ込んで、思考停止に陥ってしまうのだ。

詐欺師たちは、コンプレックスを抱えた人間、時間を持て余した人間のココロのスキマに入り込んでくる。

もしあなたが詐欺に遭ってしまい、お金を払ってしまった自分を悔やんでいるのなら、そんな自分と向き合うことも忘れないでほしい。

自分に自信を持つこと、何かに熱心に取り組むことこそが、詐欺に遭わない自分をつくることにつながるはずだからだ。

新大学生・新社会人に向けて

これから新大学生、新社会人となるみなさんには、特に伝えたいことがある。

今後、みなさんは社会の荒波に揉まれていくと思うのだが、世の中には情報弱者をカモるビジネスがたくさんあるということを肝に銘じて欲しいのだ。

一人暮らしをするなら新居の賃貸契約。

余分な体毛を取り除きたいなら脱毛クリニックの契約。

自動車の売買契約も初めて経験する人が多いだろう。

ペットを購入することもあるだろう。

契約前や解約時にはトラブルがつきものだから必ず録音をすることが将来、みなさんを守るデータになる。

それから必要なのがYoutubeやSNS、WEBを使ったリサーチだ。店舗情報や担当従業員の氏名などはもちろん、契約する業界についても調べ上げるべきだ。右に挙げた商売に共通するのは大金を払うこと、人生において頻繁に行う取引ではないこと、トラブルが多い取引だということだ。

この世の誰しもが、なんらかの分野では情報弱者だ。全知全能という人間は存在しない。だからこそ各業界の価格相場や、トラブルのケースを事前に把握しておくことは、財産を守る術になる。

投資をする前に節約・貯金、節約や貯金をする前に、自身の財産を守る知識を身につけて欲しい。お金は使えば失われるが、知識は使っても失われることがないのだ。

社会に出ればマルチ商法や投資の勧誘を受けるときがくるかもしれない。

みなさんのことを思って、あえて厳しく言うがあなたの元に儲かる話などきはしない。同年代の友人や自称経営者、マッチングアプリで出会った異性などが、そんな話をもってくるはずがない。

彼らが持ちかけてくる投資話、副業スクールの勧誘などには一切耳を傾けてはいけない。

そもそも投資や副業で稼げるなら人を勧誘する必要がない。

勧誘するということは投資や副業で稼げていない、もしくは効率が悪いと言うことだ。

本来、投資や副業で稼げる時間を、営業という時間や労力のかかる作業に時間をかけているのはなんともおかしな話だと思わないだろうか。

もし、それでも迷ったときは『新宿１０９』のＫＥＮＺＯに相談して欲しい。

高齢者のみなさんに向けて

近年、巧妙な手口で高齢者を騙す詐欺集団が増えている。

オレオレ詐欺、還付金詐欺など特殊詐欺グループが近寄ってくるケースもあれば、仮想通貨を用いた投資系のネットワークビジネスの勧誘が近寄ってくるケースもある。

詐欺師たちにしてみれば、お金のない若年層を狙うよりは、貯金がある高齢者を騙した方がてっとり早い。

詐欺師の手口は様々だが、共通することもある。

それは〝不安を煽る〟ということだ。

「プロスペクト理論」という、利益や損失に関わる意思決定のメカニズムをモデル化した行動経済学の理論がある。

一言で説明すると「損を回避しようとする心理」のことだ。

詐欺師は「老後2000万円問題」や「銀行預金の利率の低さ」「日本円を保持することのデメリット」「物価高騰」「平均賃金が30年間あがらない経済状態」などの不安材料を題材にし、不安を煽り、「だったらこの投資先にお金を預けておくといいよ」といわんばかりに投資の勧誘に繋げてくる。

先ほどのプロスペクト理論をこれに当てはめると、「このままではいけない」という不安を煽られることで、損するであろう未来を回避するためにお金を投資してしまうのだ。

人間は得より、損で行動してしまう。

こういった心理が資産を蝕むトリガーとなるのだ。

人間誰しもが、不安を抱えて生活している。もしそういった不安な状況に陥ってしまったときは、家族や昔からの信頼できる友人、そして私に連絡して欲しい。

エピローグ――これからの『新宿109』KENZO

俺のもとにはSNSを経由して、毎日、詐欺に関する相談が大量に寄せられている。

その内容の5割が「実際に被害に遭った」というもの。

3割が「友人や知人が被害に遭っているようだ」というもの。

そして残りの2割が、軽い相談だ。

なかには実際に会って話したい、あるいは会って情報提供したいという方もいるが、相談の件数が多いため、現状ではそのすべてに対応し切れていないのが現状だ。ありがたい半面、俺自身、すべてに応えられていないというもどかしさも感じている。

動画をたくさんの人に観てもらえるようになり、収入も増えた。YouTuberとしての自信もついてきた。微力ながら詐欺被害を減らすことに貢献できているのではないか、という実感も湧いてきている。

しかし、このままの活動を続けていけばいい、という気はまったくない。

増え続ける視聴者からの相談件数は、日本国内における詐欺が根絶される日がまだ遠いことを表している。いまのままでは、日本から詐欺を撲滅させることは難しいだろう。


第三章で書いた通り、今の日本の法律では、詐欺を働いた者勝ちの状況となっている。

マルチ商法、ポンジスキームで集めた数億円～数百億円の金。

人を騙して得られるこれだけの金額に対し、逮捕されたところで不起訴になるケースも多い。また、仮に起訴されたとしても、初犯であれば執行猶予がつく。弁済の金額もたかが知れている。

だから、再犯者が後を絶たないし、十分な資金を得た組織の幹部はドバイなど国外に逃亡して、悠々自適の生活を送ることができてしまうのだ。


「何者かになりたい――」

俺は、確たる信念や動機があってYouTubeを始めたわけではない。

これまで書いてきたように、「何者かになりたい」という、漠然とした思いを持って目の前のことに取り組んできただけだ。

俺がかつてマルチ商法の被害に遭ったこと。

自分自身がマルチ商法の駒となり、被害者を生んでしまったこと。

お金もやりたいことも何もなかった俺の目の前に、YouTubeがあったこと。

これらが噛み合ったことで、今の状況が生み出されている。


「何者かになりたい」という漠然とした動機の行く先には、いったい何が待っているのだろうか。

心の底から「やりきった」という達成感を得られる日はくるのだろうか。

YouTuberとしてある程度認知された今、どこかの会社に就職して真面目に働く、といったまともな暮らしをすることは難しいだろう。

突撃という破天荒なスタイルで活動している俺にとって「逮捕」はいつも隣り合わせだ。

ときには信者の目を覚ますべくセミナー会場に出向き、突撃をするし、被害者と一緒に詐欺師に突撃をし、被害金を回収することもある。これらは一歩間違えれば、威力業務妨害や恐喝にもなりかねない。いくら詐欺撲滅のための行動だといっても、警察次第では逮捕されるおそれがあるのだ。

だからこそ、普段から意識的に自分の活動に対する想いをSNS上で発信している。

「逮捕覚悟でやっている」

このセリフを動画の中やSNSでたびたび口にしてきたのは、「詐欺撲滅のためなら逮捕されても構わない」という覚悟があるからだ。

ときどき3年後、5年後、10年後の自分について夢想する。

最近、冗談交じりにいうのが、次の目標は「歴史の教科書に載ること」だったりする。

そもそも、どうすれば教科書に載れるかですらよくわかっていないが、やはり何か、万人に認められるような実績を残したいという気持ちが芽生えてきている。

だからこそ、これからはYouTubeやSNSとは違った方法で、人々に詐欺集団の危険性を伝えていきたい。

そのために目指さなくてはならないのは、日本における詐欺の専門家になることだ。

いまよりもっと知識を身につけ、時流の変化を感じ取りながら、「詐欺のことについて聞くなら、ＫＥＮＺＯに話を聞いてみよう」と思われる存在にならなくてはならない。そうすれば、テレビ出演や講演活動など、YouTube以外で人々と接する機会も増えてくることだろう。本書のような書籍で情報を伝えることも有効なはずだ。

詐欺の被害を防ぐには、より大きな仕組みを作っていく必要がある。警察や消費者庁、各種メディアの協力も不可欠だ。

そう考えたとき、その道の先にあるのは〝政治〟なのかもしれない。詐欺を撲滅するもっとも効果的な方法は、いまよりも厳しい法律を作ることだ。法律は国会議員になれば作ることができる。民意を聞き、実情を調べ、詐欺師に相応の罰を下すことができる法律を作る。そうすれば、きっと詐欺被害は減るはずだ。

いまはただの夢物語。

この想像が、どこまで実現するかはわからない。

俺ひとりで成し得られるはずもなく、同じ志を持った仲間の協力が必要なシーンもたくさん出てくるはずだ。

心の底から「やりきったぞ」と思えたとき、歴史の教科書に載ることができたとき、俺は一体、何者になっているのだろう。

俺と詐欺集団との戦いは、これからも続いていく――。


最後に、俺がこの本を出版できたのも、こうやって詐欺の実態について語ることができているのも、応援してくれているみなさんのお陰だ。

顔を出して発信しているから俺に注目が集まりがちだが、裏方として協力してくれたり、支援してくださったり、動画を観てくださっているみなさんの存在がなければ、今の俺はここにいない。

俺を支えてくださったみなさんに、この場を借りて感謝を申し上げたい。

本当にありがとうございました。

これからのＫＥＮＺＯも、引き続き見守ってください。

２０２４年３月　『新宿１０９』ＫＥＮＺＯ

■ 著者紹介
「新宿109」KENZO
（しんじゅくいちまるきゅう・けんぞー）
1998年7月16日、三重県伊賀市生まれ。短期大学を卒業後、会社員として2年間勤める。並行してYouTubeチャンネル『新宿109』を立ち上げ、詐欺撲滅YouTuberとなった。現在は専業で被害者を減らすべく活動中。2023年には突撃した組織が逮捕されたことで、ＡＢＣテレビに活動が取り上げられる。「肉を切らせて骨を断つ」がモットー。

突撃 ～新宿109　詐欺・悪徳マルチ撲滅活動日記～

2024年4月23日　第1刷

著　者　「新宿109」KENZO

発行人　山田有司

発行所　株式会社　彩図社
東京都豊島区南大塚3-24-4
ＭＴビル　〒170-0005
TEL：03-5985-8213　FAX：03-5985-8224

印刷所　シナノ印刷株式会社

URL https://www.saiz.co.jp　https://twitter.com/saiz_sha

ISBN978-4-8013-0706-3 C0095